사라질 것들을
사랑하는 일

담담하지 못한
애도와 상실의 기록

만날

어쩌면 나는, 우리는,
사라질 것들을 사랑하려고
태어났나 봐요.

차례

프롤로그 - 일년후   8

1장. 상실의 기억

프로필 사진 속 우리   15
그날의 기억 1   20
그날의 기억 2 - 이상한 문장   29
어디로 붙일지 모르는 편지   36
슬픈 농담   38
후회와 자책만이   44

2장. 죽음을 이야기하는 책

죽음을 이야기하는 책 1 -작가에게 반박하다   55
남겨진 고양이   61
회피성 집순이   74
죽음을 이야기 하는 책 2 - 펫로스가 아니라   80
죽음을 가까이하는   84
죽음을 이야기 하는 책 3 - 슬픔을 엿보다   88

지나 보아야 알 수 있는 것들	92
어디로 보낼지 모르는 기도	100
쓰는 이유	106

3장. 슬퍼하는 이에게

시간이 지나면의 비밀	113
슬퍼하는 이에게 - 진정한 공감	117
잘 지내냐는 말의 무게	125
슬픔의 크기를 가늠하는 건	130
우리는 슬픔이 가기를 원하지 않는다	137

4장. 그리움은 계속되고

계절의 기억	143
존재덩어리로	149
꿈에서 만나	160
나의 자랑	167
아마도 어른은	172
불빛 없는 밤	176

5장. 길들인 것의 책임과 공존

육아와 육묘 - 가장 늙고 초라한 모습으로   182

진짜 사랑한다면 - '내'가 아니라 '너'를   186

습관을 바꾸는 비밀 - 똥스키   192

당연한 사랑   198

어설픈 이타심   203

누구나 한번쯤은 고양이가 된다   210

6장. 다시, 계절이 돌아오면

지금, 여기로 나를 부르는   214

마음의 언어   218

잃은 것의 총량   222

밤이면 들려오는 소리에   236

다시 봄이 오면은   229

7장. 세 번의 벚꽃이 피고 진 어느 봄날에

잊는 기분	233
돌아올 곳이 있는 여행	235
어린왕자야, 반가워	240
계절의 사이에는	245
너에게 보내는 편지	250

프롤로그

나의 첫 고양이를
보내고, 일년 뒤

 엉덩이를 바닥에 붙이면 노오란 털 뭉치가 품으로 파고듭니다. "으이구, 그새 또 보고 싶었어?" 괜스레 둥그런 코끝을 퉁 치며 한마디 해보지만, 사실 복부를 압박하는 이 뜨끈하고 몰랑한 감촉이 싫지 않습니다. 이 따땃한 것을 끌어안고 나는 방 안에서 참 긴 시간을 보냈더랍니다.

 얼마 전 나는 술도 잘 못 마시면서, 술을 좋아하는 세 여자의 우정을 나눈 드라마를 몰아보며 끅끅거리다 환상의 캐스팅이라며 엄지손가락을 치켜세웠습니다. 여성 댄서들의 서바이벌 프로그램을 보고 물개박수를 치며 응원했지요.

저는 아무래도 잘 지내나 봅니다. 지나간 드라마 몰아 보기, 웹 소설과 책 읽기로 긴 하루의 끝을 알차게 마감합니다.

사실 이것들은 모두 그해에 만들어진 취미입니다. 나는 슬플 때마다 취미를 만들어내는 취미를 가지고 있다는 것을 알게 되었습니다. 내가 아닌 것으로만 울고 웃을 거리를 찾아다니던 작전이 아무래도 조금은 먹힌 것 같아요.

그러나 무난히 흘러가는 듯 보이는 일상에서도 가끔은 설명할 수 없는 일이 생겨납니다. 혼자일 때의 나는 떠오르는 노래를 참지 못해 곧 입 밖으로 흥얼거리고 맙니다. 그럴 때면 노랫말의 일부를 우리 집 고양이들의 이름으로 절묘하게 바꾸어 부르는 것을 빠뜨리지 않습니다. 집사의 터무니없는 가사와 멜로디에도 익숙한 일상인 듯 멀뚱히 집사를 바라보는 고양이들을 향해서요.

이제는 주인 없는 이름을 무심코 부를 때마다 노랫소리는 줄어들었습니다만, 나의 습관은 여전했습니다. 어느 날은 방안에 늘어놓은 책들을 정리하다 무심코 한 동화 같은 노래를 떠올렸어요.

    동그란 눈에 까만 작은 코.
    까만 털옷을 입은 예쁜 아기 곰.
    언제나 너를 바라보면서
    작은 소망 얘기하지.

    너의 곁에 있으면 나는 행복해.
    어떤 비밀이라도 말할 수 있어.
    까만 작은 코에 입을 맞추면
    수줍어 얼굴을 붉히는 예쁜 아기곰.

「예쁜 아기곰」 조원경

어떻게 이렇게 맑은 눈을 가졌냐며, 분홍 코는 또 왜 이렇게 환하고 곱냐며. 네가 있어 난 행복한 사람이라고, 입 맞출 때마다 지긋이 바라봐 주던 그리운 얼굴이 떠올랐어요.

둥그런 눈을 바라보며 코끝에 입술을 가져갈 때의 달달한 향기, 입가와 볼에 닿던 부드러운 체온, 이름을 부르며 목덜미에 얼굴을 묻을 때면 살랑이던 꼬리가 바닥을 탁탁 치는 기분 좋은 울림. 19년을 안아도 매 순간 그립던, 내 하루의 시작과 끝을 함께한 일상의 조각.

다시는 볼 수 없게 된 날이 일 년이 되어 가지만 조금 전에야 그날을 마주한 사람처럼 그리움을 쏟아냈어요. 떨림이 잦아질 때쯤 어느새 다가온 노란 몸이 내게 기대왔어요. 부드러운 턱을 쓰다듬으니 고로롱 고로롱 노래를 들려주었습니다. 내가 가장 좋아하는 노래예요.

이런 나의 이야기가 누군가에게 유난스러워 보이리란 걸 알고 있어요. 그러나 그것이 한 마리의 소동물이 인간의 생애에 그 정도의 가치가 있느냐의 문제는 아니길 바랍니다. 단지 나는 한때 가장 소중히 여기던 것을 잃어버린 사람의 이야기를 하고 싶었어요.

오늘 하루도 무사히 지나갔습니다. 해가 지기 전 내려다본 거리의 차들은 여전히 빠르고, 사람들은 바빠 보였습니다. 건너편 공원의 칠새 가족도 어김없이 돌아왔고 산책자들의 외투도 제법 얇아졌지만, 아직 나무들의 푸르름은 찾아볼 수 없었어요.

    나는 무엇을 기다리는 걸까요? 나의 고양이는 어디로 긴 꼬리를 흔들며 가 버린 걸까요? 숱한 의문을 담아 매일 편지를 써 봐도 텅 빈 우편함 주변만 서성거리던 날이었습니다.

    그러나 이제는 알 것만 같아요. 나는 남은 생에 많은 날을 웃다, 망각하다, 그리워하다 보내리라는 것을요. 내게 주먹만 한 몸으로 찾아와 살쾡이라는 소리를 들을 만큼 용맹히 자라더니 서서히 소멸해 버린 나의 고양이를, 살아가며 사랑하지만 사라져 버릴 모든 것들을요.

    나에게 그날 이후의 일 년은 이런 것이었어요. 끔찍이도 아끼던 것이 사라지고 간절히 바라던 것이 이루어지지 않아도 사람은 끝내 살아갈 수 있다는 것을 떠올릴 때마다, 힘주어 살던 마음과 애정을 내려놓아도 괜찮지 않은 거냐고 되뇌던 시간이었습니다.

    그러나 그런 순간조차, 나의 노오란 고양이에게 사랑을 속삭이고 있었어요.

어쩌면 나는, 우리는, 사라질 것들을 사랑하려고 태어났나 봐요. 나는 이 오묘한 삶의 모양을 이해하는 것에, 아마도 나의 전 생애를 소모할 것만 같습니다.

2장

상실의
기억

프로필 사진 속 우리

-

 몇 달이 지나도록 나의 노란 메신저 창의 프로필 사진은 변하지 않았다. 짐내 위에 엎드린 내가 양팔로 고양이들을 꼬옥 감싸 안은 모습으로. 팔뚝 사이로 솟아오른 사랑스러운 두 개의 얼굴을 보고 있자면, 유난히 닮아 보이는 모습에 자꾸만 웃음이 나왔다. 물론, 나는 두 아이의 생김새가 얼마나 다른지 알고 있지만 말이다.

 앵오의 홍채는 보석같이 오묘한 초록빛이지만

한낮에 햇빛 아래를 제외하고는 자주 크고 둥글어지는 바람에 내 마음도 자꾸만 둥그레지고 말았다. 조금만 움직여도 금세 분홍이 되고 마는 코는 봄을 맞이한 뷰티 브랜드에서 선보인 립 틴트 중 쿨톤을 가진 여성에게 어울릴법한 꽃분홍이었다.

나는 전체적으로 어두운 검 갈색 털을 가진 앵오의 반전 매력 같은 코를 애정 했다. 앵오는 나의 콩깍지 필터로 인해 노묘가 되어서도 아기 고양이처럼 묘사되었지만, 사실은 꼬리와 다리도 길쭉길쭉하고 이목구비의 굴곡도 시원하여 성숙해 보이는 인상이었다.

우리 집 둘째 아깽이는 노란 털 옷을 입었다. 얼굴과 몸통은 둥글둥글, 꼬리와 다리는 짧고 뭉툭. 유독 살집이 몰랑몰랑한 이 아이는 응석 많은 막내 고양이 다운 모양새를 타고났다. 노란 홍채 위 살짝 중앙으로 초점이 몰린 눈동자와, 하얀 입가에 박힌 동그란 노란 무늬는 이 아이를 한층 엉뚱해 보이게 한다. 나는 종종 귀여움을 참지 못하고 아깽이에게 추궁하고 만다.

"나 몰래 뭘 허둥지둥 먹다가 노란 걸 입가에

묻혔어!"

어느 날은 본격적으로 셋이 함께 사진을 찍어보리라 마음먹었다. 집순이인 나는 오랜만에 머리도 감고 늘어진 수면 잠옷에서 니트 티로 갈아입고 오늘의 주인공들을 차례로 침대 위로 모셔왔다.

이분들의 협조가 오늘의 성공을 좌우할 것이었다. 앵오는 늘 카메라를 켜면 어떻게 알고선 고개를 돌리거나 근엄한 표정을 지었기 때문이다. 우려와 달리 고양님들은 상당히 협조적이었고, 아쉬운 사진의 대부분은 비협조적인 나의 안면 근육 일 뿐이었다.

그날의 사진 중 가장 마음에 드는 장면은 이것이었다. 앵오와 아깽이를 나의 양팔로 동시에 꼭 끌어안고 있는 장면. 그때 눈매가 구부러지고 코 평수가 한껏 확장된 나의 표정이 압권이었다. 웃고 있는 입 사이로 커다란 두 앞니가 고양이들의 뒤통수 위로 미중 나왔다. 두 고양이를 품은 양쪽 팔에선 '난 고양이가 두 마리나 있어.'라는 집사의 자존감이 뿜어져 나왔다.

마치 유례없는 풍년을 맞아 농작물을 한 아름 안은 농사꾼이나, 낚시 인생에 길이 영웅담으로 남을 만한 대어를 낚은 낚시꾼의 얼굴을 포착한다면 이런 미소를 짓지 않았을까. 그중 나의 노란 메신저용 프로필은 고양이들을 양 손으로 폭 끌어안은 사진 중 비교적 나의 표정이 점잖은 것으로 고르게 되었다.

그로부터 한두 달이 채 못 돼 앵오가 떠나갔지만 나의 프로필 사진은 오래도록 변함이 없었다. 아는 언니의 연락에 늦은 답장과 함께 앵오의 소식을 전했다. 언니는 어쩐지 나에게 메시지를 보내려 프로필 사진을 클릭하는데, 고양이를 안고 있던 나의 모습이 유난히 슬퍼 보였다고 했다.

그 말을 들어서일까. 사진을 다시 꺼내어 보니 기억 속 장면과는 영 다른 느낌이었다. 행복했던 우리의 포옹은 마치 보낼 수 없어 두 팔로 품 안에 꼭 잡아두려 애쓰는 모습 같았다. 그러고 보니 꿈속에서 앵오가 나타날 때마다 붙잡고 놓지 않으려 하는 나의 자세가 딱 저 모양이었다.

한동안은 '앵오야, 넌 어디로 갔어?'라는 질문을 입술 끝에 달고 지냈다. 이제는 온 방을 뒤져도 그리운 몸을 찾을 수 없지만 이렇게 사진까지 존재하니, 누가 뭐래도 나의 고양이는 잠시나마 이 지구에 머물렀던 것이다.

그날의 기억

　간절히 오지 말았으면 하는 날은 보통의 하루 속에 숨어 있다가 고개를 불쑥 내밀었습니다. 그날의 해가 뜨기 전 새벽, 나는 앵오의 울음에 눈을 떴지만 평소보다 심하거나 덜하지도 않았지요.

　17살 즈음부터, 앵오는 모두가 잠든 새벽이 올 때면 울음이 잦아지기 시작했습니다. 나와 함께 잠들다가도 거실로 나가겠다고 울었고, 방문을 열어주면 이내 방으로 들어오겠다며 떼를 썼어요. 잠자리를 바꾸러 소파 위로 올라가기 전에는 아오울!

하며 크게 호통을 쳤고요. 그러다 엄마가 보고 싶은지 갑자기 엄마의 방 앞에서 보채기 시작하는데, 문을 열어 주면 잠자코 다가가 코를 큼큼이며 잠든 엄마의 곁을 돌고선 금방 다시 방을 나와버리는 거였습니다. 그러고는 배가 출출하다며 냉장고 앞에서 울기 시작했지만 막상 먹을 것을 주면 얼마 먹질 못하고 금방 고개를 돌려버렸지요. 나는 그때그때 입맛에 맞는 먹거리를 찾아 야위어가는 앵오가 한 입이라도 더 먹어주길 바래야 했지요. 한동안 이런 패턴이 새벽 동안 반복되었어요.

그럴 때마다 나의 고양이는 다정한 목소리로 이름을 부르며 엉덩이를 토닥여주면 곧잘 눈을 감았기에, 나는 자주 앵오를 딜태다가 소파에 앉은 채로 끔뻑 잠이 들었습니다. 그러다 보니 그즈음에 나는 한두 시간 이상 잠을 이어 자지 못하는 날이 많았어요. 처음에는 혼을 내보기도 했지만 자존심 강한 나의 늙은 고양이는 몹시 기분이 상해 보였고 더욱 불안해하기 시작했습니다. 나는 단호한 행동을 관두고선 마음을 전하려 애썼어요.

'네가 원하면 언제든 들어오고 나갈 수 있어. 네

가 나를 부르면 네 옆에 있을게. 내게 무슨 말을 하고 싶을 땐 조금 늦어지더라도 이해하도록 노력할게. 내 맘 알지?'

그렇게 낯선 행동의 이유를 관찰하고 답을 찾아가며 노모의 투정은 조금씩 일정한 패턴을 찾아가기 시작했습니다. 그날도 몇 번의 투정 후 앵오는 잠자리에 들었고, 보통의 날처럼 새벽 6시 30분쯤 나를 깨워주었어요.

나는 식사와 약을 챙긴 뒤, 단골 낮잠 자리에 앉아 살살 눈을 감는 나의 고양이에게 싱긋 웃어주고는 방으로 들어왔습니다. 그러곤 태블릿으로 몇 가지 그림을 그렸고, 기계 오류를 해결하기 위해 서비스센터에 문의를 남기며 오랜만에 까망언니와 메시지를 주고받았어요. 평범한 아침이었습니다.

그 사이 앵오가 화장실을 가기 위해 내 옆을 지나갔어요. 그러고 보니, 오늘 하루 몇 시간 만에 무려 세 번째 변을 보는 거였습니다. 의아함을 느낄 때쯤 화장실에서 나오던 앵오가 구토를 했고, 이내

균형을 잃고 툭-하고 쓰러졌어요. 나는 앵오에게로 뛰어갔고···.

한 동작 한 동작이 고고하던 나의 고양이의 몸이 주인의 의지를 벗어나고 있었습니다. 그런데 나와 거의 동시에 앵오에게로 뛰어온 아깽이가 슬픈 소리로 울기 시작하는 거였어요.

"아오올-아오올."

나는 불안한 예감에 사로잡히기 시작했습니다. 떨리는 손으로 까망언니에게 앵오의 상태를 메시지로 남겼어요. 언니가 함께 병원을 가보자며 곧 차를 출발시키겠다고 말해 주었었습니다.

앵오는 중간중간 발작을 멈추기도 했습니다. 잘했어! 앵오야! 다시 정신 차려보자. 그렇지만 곧 괜찮아질 것 같은 희망은 자주 무너졌습니다. 나는 병원에 갈 준비를 하기 위해 서둘러 오랫동안 사용하지 않았던 이동장의 문을 꺼내왔습니다.

"앵오야, 앵오야! 나 여기 있어."

내가 곁에 있음을 잊지 않도록, 틈틈이 목소리를 들려주며 중간중간 기도가 막히지 않도록 앵오의 침을 닦고 고개를 돌려주었습니다. 그런데 이

날 따라 유독 이동장의 문이 잘 끼워지지 않는 거였어요. 흐르는 눈물을 닦으며 떨리는 손으로 미끄러지는 문을 잡고 자꾸만 끼우려 시도했습니다. 낯선 환경에 극단적인 공포를 느끼는 예민한 나의 고양이를 떠올리며 나는 그것을 반드시 맞추어야만 했어요.

앵오는 이제 변도 흘리기 시작했습니다. 집에 도착한 까망언니는 그 모습을 보고 눈물을 흘렸습니다. 서둘러 앵오를 이동장에 옮기려니 떨림이 있는 기다란 몸이 잘 들어가질 않았어요. 안 되겠다. 결국 이동장은 둔 채 가벼운 이불 하나를 꺼내 앵오를 감싼 안은 채 집을 나서기로 했습니다.

나는 꽤 비장한 마음을 먹었습니다. 현관문이 열리면 예민한 앵오가 놀라 움직여 다치지 않도록 꽉 잡아야지. 절대 놓지 말아야지. 긴장감에 떨려오던 온몸에 힘이 꽉 들어갔습니다. 현관문을 나서면서 깨달았어요. 나는 정말로 바보 같은 집사였구나. 앵오는 이미 외출에 대한 공포로 날 뛸 수 있던 날의 고양이가 아니었습니다.

　앵오를 안고 차 뒷좌석에 앉아 방석 위로 몸을 눕혀주었습니다. 평소처럼 표현은 못 해도 낯선 공간이 얼마나 두려울까. 나의 체온이 조금이라도 안정을 주길 바라며 보드라운 배 위를 쓰다듬어 주었습니다.

　그런데 나는 또 한 번 바보같이 집 근처의 작은 동물 병원으로 갈지, 큰 규모의 고양이 병원으로 갈지 쉽게 결정을 내리지 못했습니다. 이전에 동네 병원으로 갔을 때는 검사 결과에 따라 큰 규모의 고양이 병원의 방문을 추천받은 적이 있었어요. 그래서 예민한 나의 고양이는 하루 차이로 진료를 위한 마취를 여러 번이나 한 채 극도의 스트레스를 받아야 했었지요. 대신 고양이 병원은 차로 이동해도 거리가 꽤 있었습니다. 혼란 속에서 나는 겨우 결론을 내리고 자신 없게 말했어요. "언니, 고양이 병원으로 가자. 아무래도 큰 곳에서 치료하면 좋지 않을까? 그간의 기록도 있고."

　앵오는 발작은 멈추었지만 옅은 숨을 몰아 쉬고

있었어요. 조금만 참자. 잘하고 있네. 조금만 더 버텨줘. 그러나 도로를 몇 미터도 채 타기도 전에 작은 몸의 움직임이 줄어들었습니다. 나는 정말로 인정하기 싫지만 머지않아 우리의 마지막이 현재형으로 덮쳐 오리란 강렬한 예감이 들었어요. 그렇게 어느 순간 가늘던 숨이 거의 이어지지 않았고⋯.

차를 돌려 근처의 작은 동물 병원으로 들어갔습니다. 나는 예의에 어긋나더라도 20분 정도가 남은 점심시간이 끝나도록 기다릴 수 없어 문을 두드렸어요. 그 다급한 모습에 친절히 청진기를 들어준 수의사를 향해 나는 무엇이라도 도움이 될 까봐 이런저런 말들을 중얼거렸습니다.

"나이는 19살이고요, 오늘 화장실에서 변을 보고 나오다가 갑자기 발작을 시작했어요. 이런 적은 처음이었어요. 그래도 아침 내도록 괜찮았는데⋯. 그러고 보니 유난히 아침에 변을 많이 눈 거 같아요⋯."

의사는 낮은 목소리로 말했어요.

"이미 할 수 있는 게 없습니다. 사실 나이도 워

낙 많아서 여러 이유가 있었을 겁니다…."

"앵오야. 앵오야."

나는 울면서 나의 고양이를 부르며 쓰다듬는 수밖에 없었습니다. 친절한 선생님은 앵오의 몸을 닦아주셨어요. "정말 감사합니다." 그 말을 몇 번이나 하며, 작은 몸을 안고선 터덜터덜 병원 밖을 걸어 나왔습니다.

내 옆을 둘러싼 익숙한 건물들의 몸집이, 윙윙거리며 나를 스쳐가는 도로의 차들이 낯설게만 느껴졌습니다. 그 순간 세상이 눈부시게 하얗게 바랬던 감각이 선명히 떠올라요. 무심코 하늘을 올려본 탓에 한낮의 해를 마주해서 일까요.

나는 머리로는 이별을 짐작했지만 마지막 순간까지도 작은 희망을 놓지 못했습니다. 씩씩한 나의 고양이는 이번에도 위기를 넘기고 내 곁에 있어 줄 거라는 게 나의 본심이었어요. 고집스럽게 이동장의 문을 조립하고, 이왕이면 큰 병원을 가야 한다며 먼 길을 나섰던 건 모두 거기서 비롯된 것이었으니까요.

이제, 내가 그 아이를 위해 할 수 있는 건 무엇도 없어진 거예요. 죽음이란 그런 것이었습니다.

나는 오랫동안 두려워하던 날의 공기를 몰아쉬며 되물어 보았습니다. 익숙한 몸에 고작 얕은 숨결이 날아가 버린 것이, 하나의 세계가 끝나는 이유가 될 수 있는 거냐고.

그날의 기억 2
- 이상한 문장 -

 나는 노묘를 돌보면서도 이제껏 반려동물의 죽음 이후의 절차에 대해 알아보지 않은 게으른 집사였는데, 그날은 멀게 여길수록 천천히 다가올 것만 같은 근거 없는 믿음 때문이었다. 하지만 이젠 더는 미룰 수가 없었다. 앵오를 보내러 가는 길에 까망언니의 도움을 받기로 했다.
 언니를 기다리는 동안 집에서 가장 가까운 꽃집에 전화를 걸었다. 어떤 꽃이 필요하냐고 묻는 물음에 방정맞게 목소리가 들썩거렸다. 약속한 십 분이 지나고 찾아온 꽃다발은 검 갈색 고양이와 어울리는 노란 꽃이었다. 마스크 너머로 위로의 눈빛을 보내는 그녀에게 꽃다발이 예쁘다며 감사 인사를 전했다.

앵오를 안고 마지막으로 집안을 보여 주었다. 항상 같이 잠들던 우리의 방, 햇빛을 쬐던 소파와 낮잠을 즐기던 러그 위. "딩동" 하는 소리와 함께 까망언니가 도착했다. 이제는 집을 나서야 할 시간이었다.

나는 뒷좌석에 앉아 눈물을 그치다 말기를 반복했다. 그사이 앵오의 촉감은 생전의 것과 달라졌다. 앵오의 기다란 수염 몇 가닥을 당겨보았다. 내 손가락을 따라 움직이는 볼과 수염은 평소 잠들었을 때와 별 차이가 없어 보였다. 실감이 나질 않아 이동하는 동안 틈틈이 하얀 수염에 손을 가져다 댔다.

낯선 도로를 지나 어느새 반려동물 장례식장으로 들어섰다. 나의 예상 도착 시각에 맞추어 직원 한 분이 주차장에 마중을 나와 있었다. 우린 편한

티셔츠에 바지를 입었는데 그분은 검은 정장을 입고 침통한 표정으로 고개를 푹 숙이고 있었다. 문득 우리보다 그분이 조금 더 우리 고양이의 가족같이 보일지도 모른다는 생각이 들었다. 앵오를 직접 들어주신다고 했지만 내가 안고 가겠다고 했다.

직원의 안내에 따라 작은 방으로 이동했다. 이곳에서 마지막 인사를 나누기로 했다. 낯선 장소에 가만히 웅크려 누워있는 나의 고양이를 보았다. 이것이 나의 눈에 담길 마지막 모습이라 생각하니 발길이 쉽게 떨어지지 않아 보드라웠던 털을 쓰다듬고 또 쓰다듬었다.

하지만 오늘이 아니더라도, 나의 고양이를 보내기에 아쉽지 않은 날은 없을 거였다. 지구에 모든 나무가 사라질 때까지 달력을 넘겨도 우리가 헤어지기 적당한 날은 오지 않을 것이니까. 그래서 큰맘 먹고 앵오를 홀로 두고 방에서 빠져나왔다.

화장 절차가 시작되었다. 앵오는 준비해 온 노란 꽃으로 둘러싸여 잠들어 있었다. 곧 크고 시꺼먼 가마가 열리자 눈을 감고 기도하기 시작했다. 무언가 좋은 말을 많이 해주고 싶었는데 이상하게

별말이 생각나지 않았다. 내 옆에 와줘서 고마워. 내 인생에 찾아 와주어 고마워. 그 말밖에 생각이 안 나 수십 번을 더 되새겼다. 누군가는 세상에 있는 말을 모두 지우면 사랑한다는 말이 남는다고 하던데, 나에게는 고맙다는 말이 남았다.

*

 조금 진정이 되자 직원이 조심스레 나를 불렀다. 나는 그녀를 따라 긴 복도를 지나 어느 방의 원형 테이블에 앉았다. 오늘의 절차에 관한 계약 내용을 종이로 확인했다.
 직원은 잠시 일어나 나를 상담실 벽면으로 안내했는데, 그곳의 투명한 진열대 안에는 화려한 유골함이 빼곡히 들어서 있었다. 그중 은은한 옥빛이 도는 도자기는 무려 삼십 만 원 대를 호가했다. 그녀는 조심스레 한 마디를 덧붙였다.
 "사실, 지금처럼 기본형으로 제공되는 유골함에는 별다른 기능이 없어요. 가격대가 나갈수록 밀폐기능이 뛰어나고 황토 처리가 되어있어 오래 아이와 함께 할 수 있지요."

나는 유골함을 집에 두고 매일 바라보며 슬퍼할 자신이 없다고 했다. 그녀는 더 이상 권유하지 않았다.

다시 방으로 돌아왔다. 고운 입자가 되어 돌아온 모습을 눈으로 확인했다. 이윽고 함을 곱게 감싼 청록색 보자기를 건네받음으로써 모든 절차가 끝이 났다. 긴 복도를 지나 카운터 앞에 서니 결제를 담당한 직원이 낯이 익었다. 앵오의 화장을 진행한 분이었다.

카드가 읽어지는 동안 그가 물어왔다. "고양이가 젊을 때는 덩치가 많이 깄겠네요. 유골의 크기만 보면 최소 5kg급 이상의 건강한 체격이네요." 나는 왠지 모를 자부심을 느꼈다. "네. 앵오가 한창때는 정말 건강하고 몸집도 컸어요. 집으로 놀러 온 친구들이 앵오는 고양이가 아니고 살쾡이가 분명하다고 했을 정도라니까요."

그 문장을 뱉는 순간, 낯선 감각이 온몸을 타고 올라왔다. 짧은 순간 다른 공간에 발을 들였다 돌아온 듯한 느낌이. 예상치 못한 기분을 분석할 새도 없이 결제 완료를 알리는 기계음이 울렸다. 오늘 하루 친절했던 그에게 감사의 인사를 하고 건물을 빠져나왔다.

   쏟아지는 감정의 홍수 속에서 조금의 정신을 차리고서야 알게 되었다. 그날의 낯선 감각은 생전 앵오의 모습을 얘기로 나누며 그에게 건넨 과거의 문장 때문이었다는 걸. 그것은 나의 고양이가 영원한 과거형이 되었음을, 나의 목소리를 따라 타인에게 시인한 최초의 행위였다.

   종종 과거가 된 소중한 이를 떠올리는 사람들을 본다. "어릴 적 어머니와 직접 두부를 만들어 먹었지요. 그게 얼마나 맛있던지." 그들은 그리운 이들과의 추억을 얼마 전의 일처럼 생생히 묘사하거나 재미있는 옛날이야기를 들려주듯 말하기도 했다. 이야기의 끝에서 눈시울이 슬며시 붉어지기도 하면서.

   요즘의 나도 이들과 비슷한 모습이다. 이제 나의 고양이는 나의 기억 속에서 살고, 사진첩 속에 살고, 과거의 말속에 산다.

문득 궁금해진다. 그 이상했던 감각은 최초의 경험 이어서일까. 다가올 소중한 누군가의 과거형을 처음 시인하는 순간마다 다시금 느끼게 될까?

그렇다면 나는 살며 얼마나 많은 이상한 문장들을 뱉어야 할까.

어디로 붙일지
모르는 편지

긴 잠에 빠져 우리의 방 안에
웅크려 누운 나의 고양아.
그 쓸쓸한 모양 곁에서 나는
한참을 엎드려 울어야 했지.

그래도 조금만 더 머무르지.
얼마 전 가득 주문해 놓은 먹거리가
아직 도착하지도 않았는데 말이야.
이번에 고른 것들은 까칠해진 네 입맛에
꼭 맞을 거라 자신했거든.

마지막 날조차 한결같이
날 깨워주던 너.

그게 우리의
마지막 모닝콜인 걸
알았더라면,

나는

조금이라도 빨리 눈을 떠
그리운 얼굴을 바라보아야 했을까,

조금이라도 늦게 눈을 떠
잔소리 가득 섞인 목소리를
귓가에 오래 담아두어야 했을까.

슬픈 농담

-

 이제 무릎 위엔 보드라운 털을 가졌던 나의 고양이 대신 곱게 묶인 청록색 보자기가 올려져 있다. 평소 칠칠하지 못한 나는 그것을 놓칠세라 두 손으로 꼭 붙잡았다.
 어느새 주변으로 어둠이 깔리고 있었다. 밤길에 운전한 경험이 몇 없는 까망언니는 유난히 커다란 화물차가 자주 다니는 어두운 초행길을 운전하면서도, 뒷좌석에서 앉아 흐느끼는 나를 다독이는 걸 잊지 않았다.
 나는 조용히 눈물을 흘리다가도 터져 나오는 울

음을 참지 못하고 꺽꺽거렸다가, 갑자기 모든 걸 뚝 그치고 주섬주섬 이야기를 시작하는 것을 반복했다. 자세한 내용은 기억나지 않지만 아마 앵오를 화장하는 동안 어떤 생각을 했는지, 올해 초 재미 삼아 본 나의 토정비결이 침통하기 짝이 없던데 그래서 나에게 이런 일이 일어나고야 만 건지. 그런 이야기들을 한 것 같다.

나는 땅으로 내리꽂히는 폭포 같은 감정을 언니에게로 쏟아붓고 말았다. 사실 언니의 대답은 필요치 않았다. 우주에서 나의 고양이가 어떤 의미였는지 헤아려 주는 사람, 함께 눈물 흘려주는 사람. 그런 이에게 마음을 털어놓는 것만으로도 큰 위로가 되었으니까.

그러다 눈치가 없는 나는 차창 밖에 하늘이 아주 까매지고 나서야 언니가 초보운전자임을 떠올렸다. 언니는 몹시 큰 긴장감 속에 운전 중일 것이었다. 나는 뒤늦게서야 내가 혼자 울다 말았다 이런저런 얘기를 하더라도 일일이 달래주지 않아도 된다는 사실을 전해주었다.

울음이 멎을 땐 간간이 한두 번의 농담을 하기도 했다.

"언니, 그런데 아까 장례식장 직원분들 말이야. 나보다 더 가족 같아 보이지 않았어?"

내가 시답잖은 농담을 하려는 걸 눈치챈 언니는 고개를 끄덕였다.

"처음에 주차장에 도착했을 때 말이야, 미리부터 마중 나와 검은 정장을 쫙 빼입고 고개를 푹 숙이고 계시길래 순간 울컥했었거든."

"맞아 그랬지."

"그런데 우리가 주차가 끝나고 차에서 내릴 때까지 고개를 숙이고 계신 거 봤지? 그때부터 시작해서 마지막으로 건물을 나올 때까지 나보다 더 비통한 표정을 유지하시더라고."

"맞아, 진짜 대단한 분들 같아."

뭐랄까. 마치 우리 모두가 절대 웃으면 안 되는 어느 엄숙한 상황극 속의 출연자가 된 것 같은 느낌이 잠시나마 들었던 것들에 관해 이야기했다.

예전에 토크쇼에서 배우 김수로 씨가 아버지의

장례식장에서 있었던 에피소드를 이야기한 것이 떠올랐다. 그가 장례식장을 찾은 손님들을 정신없이 맞이하고 있을 때, 갑작스레 찾아온 친구들을 보고선 놀라 물었다.

"너희들, 대체 어떻게 온 거야?"(어떻게 부고를 알고 여기까지 온 거야?)

그때 "버스 타고 왔지 뭐."라는 친구의 예상치 못한 대답을 듣는 순간, 슬픔과 적막을 깨고 터져 나오는 웃음을 참으려다 눈이 마주친 작은아버지와 함께, 고개를 푹 숙이고 피멍이 들도록 허벅지를 꼬집었다는 일화가 생각났다.

그는 슬프지 않았던 것은 아니다. 슬픔 속에서도 웃을만한 일을 발견하는 것이 습관이 된 사람이랄까. 여하튼 그런 비슷한 기분이 들었다.

다시 한참을 울다 잠시 눈물이 멎은 나는 앵오를 담은 함을 감싼 보자기를 보며 얘기했다.

"언니, 이 보자기 말이야, 고운 청록색에 매듭도 예쁘게 묶인 게, 내가 이걸 들고 밖에 나가면 사람들이 명절 선물인 줄 알겠지?"

앵오가 떠난 바로 다음 날은 설 연휴였다. 까망 언니는 웃지도 울지도 못한 체 곤란함을 표시해왔다. 앵오를 잃어버린 나를 생각을 하면 맘껏 웃을 수도 없기 때문일 것이었다.

나는 언니가 우리 집까지 나를 태워주고 귀가하면 밤이 더 깊어질 테니, 도시로 빠져나오면 지하철을 타고 가겠다고 말을 할까? 잠시 생각했다. 그러나 퉁퉁 부은 눈으로 대중교통에 탈 상상을 하니 자신이 없어져 그만 입을 꾹 다물고 말았다.

그러다 문득 생각했다. 만약 나와 지하철에 탄 누군가가 모자와 마스크 때문에 나의 침통한 표정을 눈치채지 못했다면, 나의 무릎 위에 있는 그것이 설날을 맞아 '새해 복 많이 받으세요.'라는 덕담과 함께 건네받은 명절 선물이라고 여기진 않을까? 크기를 보면 딱 도라지 조청 정도와 같은.

어이없는 생각의 꼬리에 허탈한 웃음이 새어 나왔다. 선물이라니. 그러고 보니 틀린 말도 아니었다.

나는 조그맣게 중얼거렸다.

그래 맞아. 선물이야. 나의 고양이는 내 삶에 선물과도 같은 아이였다고.

후회와 자책만이

-

앵오는 타고나기를 장이 튼튼했다. 웬만큼 컨디션이 안 좋아도 자주 변비로 고생하는 아깽이에게는 보기 힘든 황금 변을 매일 두 번씩 빚어냈다. 살며 한두 번 정도 배탈이 났을 때도, 며칠 분으로 지어 온 설사약을 한 회 분만 챙겨 먹여도 단단하고 매끈한 변을 보여주었다. 그래서인지 앵오의 똥꼬는 항상 뽀얗고 깨끗했다.

어느 날 앵오의 뽀송한 항문에 붓기와 함께 냄새나는 검은 액체가 흘러나왔다. 정확히는 항문 왼쪽의 작은 구멍인 항문낭에서 시작된 염증이었다.

나는 환부를 사진으로 담아 수의사를 찾아갔다. 항문낭염이 의심된다고 했다. 수술을 통해 항문낭을 제거하는 것이 재발 가능성을 줄이는 방법이지만, 19살의 나이에 마취와 수술은 우려되는 부분이라고도 했다. 그때부터 나의 피 말리는 고민이 시작되었다.

내가 앵오의 수술을 고민한 이유가 몇 가지 있다. 나는 나의 고양이만큼 예민한 고양이를 잘 본 적이 없다. 살며 몇 안 되는 외출을 할 때면 나는 앵오가 궁지에 물릴수록 세상과 절대 타협 따윈 하지 않는, 그럴 바엔 차라리 죽음을 달라고 외치는 불굴의 독립투사와 같다는 생각을 종종 했다.

이사를 했을 적에는 낯선 환경에 사흘이 넘도록 식음을 전폐한 채 화장실도 가지 않고 케이지 속에 웅그려 불만을 표했다. 병원이라도 가는 길에는 소리를 고래고래 지르고 날뛰며 과호흡이 찾아오도록 빠르게 숨을 몰아쉬었다. 무사히 병원에 도착해도 낯선 장소와 사람 앞에선 맹수의 자아가 모습을 드러냈다. 누구든 앵오에게는 손가락 한 마디라도 댈 수가 없었다. 결국 앵오를 진찰하기 위해선 진정을 위한 마취 등의 추가적인 조치가 필요했다.

한 번은 진료가 끝나기를 한참을 기다려도 소식이 없어 의아해하던 차에 진료실로 소환당한 적이 있다.

"보, 보호자님 잠시 와보셔야겠습니다!"

문을 열고 들어가자 세 명의 사람들이 극도로 흥분한 앵오에게 다가서지도 못한 채 쩔쩔매고 있었다. 결국 직원은 티브이에서 맹견을 훈련하던 장면에서나 보던 검은색 방탄조끼 같은 것을 꺼내왔다. 그들 중 내가 대표로 그 장치를 오른팔에 착용하고서야, 발악하는 앵오를 겨우 이동장 안으로 밀어 넣을 수 있었다.

꽤 나이 많은 노묘가 되고서 갑작스레 몸이 좋지 않아 알려진 고양이 병원을 찾았을 때도, 원장 선생님은 "고양이가 무서운 건 거의 20년 만입니다."라며 긴장감을 전해왔다. 앵오는 나중에 병이 악화하여도 입원 치료가 어려운 아이라고 했다. 다른 사람의 손길을 전혀 허락하지 않을 뿐만 아니라, 수액 등을 연결했을 때 지금처럼 뿌리쳐 버린다면 더욱 위험한 상황이 올 것이라고 했다. 나는 이미 예상했던 바였다.

그렇게 온몸으로 스트레스를 받아 내는 앵오인데 이미 그때보다 줄어든 체중과 많은 나이, 장시간의 병원 이동, 마취와 수술. 이 모든 스트레스를 쉽게 견딜 수 없을 거라는 게 나의 결론이었다.

그동안 나는 포털사이트를 몇 날 며칠을 샅샅이 뒤져 고양이 항문낭염에 관해 존재하는 거의 모든 글을 찾아 읽느라 잠결에 가위가 눌릴 정도였다. 항문낭염은 수술도 많이 하지만 항문 근육에 영향을 줄 수도 있어 의사와의 의논 하에 수술하지 않고도 완치한 사례가 여럿 존재했다.

나는 거기에 기대를 걸어 보았다. 수술은 상황을 지켜보다 이후에라도 가능하다는 수의사의 말에 우선은 염증을 줄이는 약과 연고를 받아 자택 치료를 해보기로 했다.

항문낭에서 나오는 액체는 변보다 냄새가 고약했다. 은행 열매를 오십 년 정도 발효시킨다면 비숫한 향이 날 것 같았다. 조금씩 묻어 나오는 항문 낭액 덕분에 앵오의 몸과 내 방에도 좋지 못한 냄새가 났다. 그러나 고약한 냄새를 풍겨도 나의 고양이는 여전히 사랑스러울 뿐이었다.

   소독을 하고 약을 바르는 과정은, 서로에게 힘들었지만 해야만 하는 일이었다. 앵오는 내가 약을 꺼내려 할 때면 슬금슬금 눈치를 보곤 했지만 예민한 성격에도 매일매일 싫은 짓만 골라 하는 나를 여전히 아껴 주었다. 나에게 먼저 얼굴을 쏙 내밀어 코를 부비고, 눈을 마주치면 쫄래쫄래 뛰어왔다.

   한 존재에게 절대적인 신뢰와 유일무이한 사랑을 받는 경험은 아름다운 것이었지만 또한 자주 슬퍼졌다.

   그러나 결국, 완전한 회복을 보지 못한 채로 우리는 이별을 하고 말았다. 가족들도 모두 슬픔에 빠졌다. 타지에 있는 친언니와는 당일에도 몇 번이나 통화를 했다. 언니는 슬픔에 빠져있을 내가 걱정이 되어 다음날에도 연락이 왔다.

전화로 삶의 무상함과 슬픔을 나누다 언니가 문득 의문점을 제기했다. '그래도, 항문낭을 수술을 하는 게 좋지 않았을까 싶기도 하네.' 나는 순간 이것저것 변명을 늘어놓았다. 그러자 언니는 네가 내린 판단만이 옳다 생각하냐고 물어왔다. 나는 지금 이 순간 가장 힘든 것이 나인데 굳이 그런 말을 해야 했는지 예민함을 가득 담아 되물었다.

언니는 단지 그런 생각이 들어 말을 꺼냈을 뿐인데 내가 유독 예민하게 군다고 했다. 나는 그렇다면 왜 그런 소리를 한 번도 아니고 여러 번 꺼냈냐며 불쾌한 기색을 가득 드러냈다. "그래! 앵오 내가 죽였다! 됐어!?"

결국 나는 못된 소리를 빽 시트고선 전화를 뚝 끊어버렸다. 우리는 슬픔 앞에 예민해져 있었다. 나는 엎드려서 엉엉하고 소리 내서 울기 시작했다.

사실 오늘 아침에 눈을 뜨자마자, 이제 나의 고양이가 나를 깨울 일이 없다고 생각하자마자 후회와 자책이 물밀 듯이 몰려왔다. 내가 그동안 앵오를 위해 내린 선택들은 당시에는 최선이라 여겼지만 그것이 최고의 선택이었는지 끝내 알 길이 없다. 하나의 선택은 선택받지 못한 다른 가능성을 배제하는 것이므로.

앵오는 나의 첫 고양이었다. 나는 어렸고, 미숙한 집사였다. 분명 더 잘 키울 수도 있었을 텐데, 그때 그렇게 하지 말 걸 그랬나? 그럼 앵오가 더 건강히 오래 살 수 있었을 텐데.

지나간 여러 선택의 순간들을 떠올리니 화가 단전부터 올라와 나는 이불을 발로 걷어차고 손발을 바닥에 쾅쾅 치며 좌로 우로 뒹굴면서 울고 말았다. 그래서 누군가에게 그런 말을 듣는 것이 더 뜨끔했던 것이다.

한참을 이불에 누워 서럽게 울고 있는데 삼십 분이 채 지나지 않아 다시 언니에게 전화가 왔다. 언니는 나에게 울고 있냐고 물었고 나는 아무 말도 하지 않았다. 언니는 자신도 너무 답답하고 슬퍼 그런 말이 나와버린 것 같다며 사과의 말을 전했다. 네가 있어 앵오가 지금의 나이까지 행복하게 살다 갈 수 있었다는 걸 잘 알고 있다고 했다.

나는 그 전화를 받고 또 엉엉 울었다. 우리는 갑작스러운 상실 앞에 예민해 있었다. 그렇게 자매의 다툼은 금방 종료되었다.

*

아직 내 옆에는 아깽이가 있다. 응석 많은 성격 탓에 아기 고양이에서 따온 이름이 어색하지 않을 정도로 늘 어리게만 보이던 우리 집 둘째 고양이도 어느덧 아홉 살에 접어들었다.

어느 날 아는 작가님의 집에서 주먹만 한 새끼 고양이를 보고 온 뒤에야 깨달았다. 우리 집 아깽이가 더 이상 아기 고양이가 아니었다는 것을. 새삼스러운 나의 놀람에 엄마가 말했다.

"그래. 이제 아깽이도 아깽이가 아니야. 중년이지. 중깽이다 중깽이."

그 후로 나는 간혹 아깽이를 놀려주려 중깽이라고 불렀다.

앵오를 잃은 슬픔이 마르기도 전에 아깽이의 건강을 위해 노력하리라 마음먹었다. 식습관도 바꾸고 변비도 개선하리라 다짐하며 몇 날 며칠을 검색에 몰두했다. 앵오 생각에 눈물이 주르륵 흐르면서도 한 손으로는 뱃살이 통통한 아깽이를 운동시키려 오뎅꼬지를 인중에 땀이 나도록 돌려댔다.

나의 중깽이는 아홉 살의 연세에도 9개월의 새끼 고양이처럼 장난감을 향해 달려들어 번쩍번쩍 점프를 한다. 종종 처음 점프를 하는 아기 고양이처럼, 자신의 짧은 다리를 미처 생각지 못하고 몸통을 심하게 젖히다 그만 우당탕탕 넘어지기도 하면서. 놀란 마음에 장난감 흔들기를 멈추면 다시 포복 자세를 취하고 사냥 준비를 한다. 피식 웃음이 나오는 장면이다.

시간이 흘러 19살 노묘가 된 아깽이를 상상해 본다. 앵오가 노묘가 되어서도 타고난 자존감을 유지했듯이, 우리 집 막내 고양이는 여전히 어설프고 응석 많고 귀여운 할매 고양이일 것 같다.

3장

죽음을
이야기하는
책

죽음을 이야기하는 책 1
– 작가에게 반박하다 –

　얼마지 않아 나의 발걸음은 도서관으로 향했습니다. 누군가의 따뜻한 위로도 받고 실컷 울어도 봤지만 마음을 엉클어뜨리는 소용돌이는 더욱 커져만 갔어요. 그렇지만 책 속에는 답이 있을 것만 같았습니다. 죽음은 내가 아닌 누군가와 누군가를 아는 이가 반드시 겪었던 일일 테니까요. 나는 가급적 세상의 모든 죽음과 상실의 기록을 보고만 싶어졌습니다.

　도서관에는 일 인당 다섯 권의 책을 빌릴 수 있

는데, 마침 매달 마지막 주는 평상시 대여권 수보다 두 배로 대여가 가능했습니다. 나는 엄마의 도서관 카드까지 빌려 길을 나섰습니다. 지고 올 책의 무게를 생각해 엄마의 장보기 동행자인 바퀴가 달린 천 모양의 캐리어 (일명 구루마)를 끌기로 했지요. 달달 거리는 바퀴 소리와 함께 십여 분 정도를 걸어 도서관에 도착한 나는 마음이 가는 책들을 끌어모아 책상 위에 탑을 쌓았습니다.

그러다 내 옆을 지나가던 발걸음 소리가 느려지는 걸 느꼈습니다. 힐끗 쳐다보니 육십 대 후반 정도의 아저씨가 내 쪽을 보고 있었습니다. 용건이 무엇일까 생각하다 그럴 만도 하다고 생각했습니다. 웬 젊은 여자가 책 부더기 앞에 앉아있는데, 그 책의 제목은 하나같이 죽음, 애도, 슬픔, 이별과 같은 내용이었으니까요.

그에게도 소중한 존재를 먼저 보내 본 경험이 있을지도 모른다고 생각했습니다. 그는 나에게 해주고 싶은 말이 있었을까요? '시간이 지나면 다 괜찮아질 거예요.'라는 식의. 그것이 아니라면 단지 '저기 아가씨, 그 책들 다 보고 안 빌릴 거면 모두 제

자리에 꽂아놓고 가세요.'라는 말이 하고 싶었는지도 모르겠습니다.

집으로 가는 도서관 앞 골목에서 흰 몸에 검은 반점이 매력인 고양이를 마주쳤습니다. 예전에도 본 적이 있는 아이였지요. 인적이 드문 곳에서 먹을 것을 주려 몇 미터를 따라다녔는데 녀석은 마침 어느 횟집의 부엌으로 들어가 자기 몫으로 챙겨진 음식을 먹기 시작했습니다. 그 아이는 인근 아귀찜 집 아주머니에게도 귀여움을 받는 듯했습니다.

여전히 잘 지내고 있어 다행이었지만 문득 이상한 느낌이 들었습니다. 모든 것이 그대로였어요. 오랫동안 나의 세상에서 큰 중심이던 존재가 사라졌지만 늘 있던 길도, 가로수도 벽화도, 도서관 길 고양이도 그대로네. 주로 그런 생각을 하며 집까지 책을 가져 왔습니다.

나는 몇 달 동안을 주로 죽음에 관한 책만을 읽었습니다. 그러다 보면 책 속의 어느 부분은 공감이 가더라도 전부 동의할 순 없기도 했는데, 특히

잔뜩 예민해진 내 마음은 작가의 사소한 문장 하나에도 곧잘 기분이 상하곤 했어요.

가령 인간과 달리 동물은 죽음을 인식하지 못한다는 문장에는 짜증을 내며 동족을 잃고 슬퍼하는 코끼리나 인간 가족을 위험에서 구하기 위해 목숨을 걸고 야생동물과 싸운 강아지, 주인이 죽자 곡기를 끊은 채 생을 마감한 동물의 이야기를 하나하나 열거하며 허튼 주장을 한 작가에게 반박했습니다.

죽음과 불행을 검은 개가 덮쳐온다고 표현한 글을 보고는 관습적인 표현일지 모르겠으나, 적어도 죽음에 관한 글을 쓰는 이가 그런 편협한 표현을 사용했다는 사실에 눈썹이 마구 꿈틀기리기 시작했어요. 검은 개가 도대체 어때서? 편견이 가득한 사람이구만. 결국 나는 넘기던 책장을 쾅 하고 덮어버렸습니다.

며칠 뒤 상실의 아픔을 겪은 사람에게 '저의 반려동물도 얼마 전에…'라는 말 따위는 금지하길 바란다는 글을 읽고선 (슬픔에 빠진 이에게 위로랍시고 자신의 경험을 함부로 비교하지 말라는 그의 의도는 백 번이고 공감하나) 적어도 상실의 상처를 다루는 글에선 마주치지 않고 싶은 문장이라고 생각했습니다.

그에게는 하나의 예시일지 모르겠지만 그는 결국 의도하든, 의도하지 않았든 간에 타인의 슬픔을 자신의 기준으로 규정해 버린 것이 되니까요.

나는 얼마 전 해외토픽에서 본 사진 한 장을 떠올렸습니다. 사진 속 남자는 언어장애를 가진 사람으로 갑작스러운 화재로 그의 집은 큰 불길에 휩싸이고 말았습니다. 다행히 그는 무사히 탈출했지만 그의 개는 미처 집 밖으로 나오지 못한 상황이었어요. 말을 할 수 없는 그는 상황을 전달하기 위해 온갖 몸짓을 동원하며 갖은 애를 써야 했습니다.

결국 개는 한 소방관의 기지로 무사히 구조되었습니다. 마침내 자신의 품으로 돌아온 개를 양팔로 끌어안은 채 감격의 눈물을 흘리는 순간이, 어느 사진기 속에 남아 먼 지구에 사는 한 고양이의 집사에게까지 전해진 것이지요. 사진을 들여다본 나는 짧은 순간이지만 숨이 턱 막히고 눈물샘이 간질거려왔어요.

    어느 길고 어두운 밤, 서로를 꼭 끌어안은 그들의 뒤로 시뻘건 불길에 먹혀 사그라지는 집이 서 있었지만, 그의 얼굴에서는 한 점의 좌절도 찾아볼 수 없었습니다. 오직 감사와 안도의 빛만이 역력했어요.

    그에게는 그 개가 유일한 가족이었기 때문입니다.

남겨진 고양이

-

 봄에서 여름으로 기울어가던 어느 따스한 날이었습니다. 새벽 내도록 아파트 단지 내에서 들려오던 고양이의 울음에 저층에 사는 우리 가족들은 밤잠을 설쳤어요. 아침이 밝자 엄마는 경비실 앞 상자 속에서 울고 있는 고양이를 발견했습니다. 아파트 화단을 돌아다니던 노란 고양이의 새끼였죠. 경비 아저씨의 말에 의하면 동네 아이들이 다리 한쪽이 다친 채 발견된 새끼 고양이를 상자에 넣어두고 갔다고 합니다. <병원에 좀 데리고 가주세요>

라고 삐뚤게 쓰인 글자와 함께.

그 모습을 얼마 떨어지지 않은 화단에서 어미 고양이가 지켜보고 있었습니다. 밤새 고통으로 우는 새끼 옆에 오도카니 서 있는 것밖에 해 줄 게 없는 마음은 어떤 것이었을까요.

그날 이후, 한쪽 뒷발에 깁스를 한 새끼 고양이가 우리 집으로 오게 되었습니다. 고양이는 당분간 베란다에 마련한 임시 공간에서 지내게 되었지요. 작고 볼품없는 아기 고양이는 늘어진 다리처럼 기운이 없었습니다. 매일 아침 눈을 뜰 때마다 그새 별일이 없겠지? 라는 불안한 마음이 이상하지 않을 정도로 조그마하고 연약한 생명이었어요. 그렇게 몇 주가 지나자, 시들어가던 몸에 점점 생기가 돌기 시작했습니다.

나는 내심 정이 들고만 이 아이가 우리 집 두 번째 고양이가 되면 좋겠다는 바람에 엄마를 살짝 떠보았어요.

"엄마, 새끼 고양이 다리가 다 나으면 어쩔 거야? 우리가 쭉 키우는 건 어때?"

엄마는 말이 채 끝나기도 전에 역정을 냈습니다.

"앵오 한 마리 키우는 것도 정신이 없는데, 좁은 집에 무슨 고양이 두 마리야. 절대 안 된다!"

실권이 없는 나는 더는 조르지 않았지만, 사실 나는 이 아이가 우리의 가족이 되리란 걸 알고 있었습니다. 얼마 전 엄마도 기억 못 할 그녀의 뒷모습을 보고 만 것이죠.

베란다로 나간 엄마가 새끼 고양이의 상태를 자세히 보기 위해 쭈그려 앉아 있었습니다. 마른 등을 조심스럽게 쓰다듬던 엄마는 혀 짧은 목소리를 내기 시작했지요.

"아이고~우리 아깽이~잘 있었쩌요? 엄마 왔쩌요. 이제 좀 괜찮아졌쩌요?"

나는 우연히 거실을 지나다 그 소리를 듣곤 웃음을 참으며 속으로 쾌재를 불렀습니다. 엄마는 본인의 말투가 바뀐 것이나, 자신을 고양이의 엄마라고 지칭한 것을 인지하지 못한 듯했으나 무의식이야말로 진실에 가까운 법이니까요.

드디어 우리 집에도 둘째 고양이가 생기겠구나! 머지않아 나의 확신은 현실이 되었습니다. 우리는 아기 고양이를 뜻하는 '아깽이'라는 별칭을 지어주었으며 그 이름과 너무도 잘 어울리는 짧은 팔다리와 통통한 삼 등신의 비율, 늘 보살핌이 필요할 것 같은 어설픈 귀여움을 가진 아이와 가족이 되었습니다.

이후로 엄마는 아파트 화단을 지나던 아깽이의 어미 고양이와 마주쳤고, 아깽이의 소식을 전해 주었다고 해요.

"너희 새끼 우리 집에서 잘 돌보고 있어, 잘 치료해 주고 건강하게 키울게. 걱정하지 마!"

사람의 손을 탄 적이 없는 어미 고양이는 보통 누군가 자신을 알아보기라도 하면 후다닥 어두운 곳으로 사라지기에 바빴습니다. 그러나 웬일인지 그날따라 가만히 서서 엄마를 바라보았다고 했어요.

그 후로 몇 달 뒤 엄마는 먼발치에서 또 다른 동네 고양이를 구경하는 아이에게서 안타까운 소식을 접했습니다.

"아줌마, 얼마 전에 우리 아파트에서 다른 고양이도 봤어요. 노란 고양이였는데, 차에 치였는지 죽어있었어요."

그 후로 아파트 단지에서는 한동안 노란 고양이를 볼 수 없었습니다.

*

"에--엥-!!??" 하는 앵오의 낯선 울음에 급하게 거실로 뛰어나갔습니다. 그것은 여태 고양이라는 생명체에게서 들어보지 못했던 음역과 악센트였는데, 사람으로 치면 "에--잉? 이게 무슨 일이야?" 하는 소리와 비슷했지요.

놀라 집안을 빠르게 둘러보니 베란다에서 멀지 않은 거실 끝에 노오란 털 뭉치가 서 있었습니다. 앵오에게 유치해져 거실 끄트머리로 밀려난 생쥐 모양의 오뚝이의 머리를 사정없이 작은 앞발로 치는 중이었죠. 원 투 원 투! 앵오는 나와 아깽이를 번갈아 보며 놀란 눈으로 말을 걸어왔습니다. "집사야, 도대체 이게 무슨 일이냐옹?"

나는 앵오의 예민한 기질을 조심하려 여태 베란다에 있는 아깽이를 보여주지 않았기에, 이것이 둘의 첫 만남이었습니다. 다행히 그간의 격리로 서로의 냄새가 익숙해져서였을까요. 앵오는 큰 거부감 없이 서서히 새로운 가족을 받아들였고, 아깽이도 경계심을 내려놓으며 우리의 하루로 스며들었습니다. 아직도 그 장면이 생생하네요. 그날은 아깽이가 스스로 문턱을 넘어 우리에게로 온 날이었습니다.

두 고양이의 나이 차는 무려 10살이었습니다. 그래서 한눈에도 덩치 차이가 두드려졌어요. 손바닥만 한 아깽이와, 성묘 중에서도 듬직한 편이었던 앵오. 아깽이는 으레 그런 앵오를 어른으로 여기며 따라 하기 시작했습니다. 집안에서 대소변을 보는 방법이나 낮잠을 자기 좋은 장소, 배를 뒤집고 잠든 자세까지도요. 안타깝게도 낯선 사람에게 보이는 극단적인 경계심까지도 닮아갔지만 말입니다. 살짝 어색한 기류가 돌던 두 녀석이 어느새 그렇게 가까워졌는지 정확한 기억은 나지 않지만 언제부터인가, 서로가 상당히 불편해 보일 정도로 뒤엉킨 채 잠들기 시작했습니다.

앵오는 내가 다정한 톤으로 "앵~~오야~~(도~솔미)" 계이름에 특유의 박자를 타며 궁둥이를 두드리는 걸 좋아했어요. 하지만 자존심이 센 고양이라 내가 힘의 우위를 이용해 저를 오래 안아 들거나 귀찮게 기대는 것을 좋아하진 않았습니다. 내가 넘치는 마음을 주체할 수 없어 그렇게 하고 말 때면 꽤 긴 시간을 둥그런 눈으로 받아주었지만요.

그런 앵오가 어느새 노란 호박같이 통통해진 아깽이가 온몸의 무게를 실어 기댈 때도, 느긋한 낮잠을 방해하며 갑자기 얼굴을 들이댈 때조차 귀찮아하지 않았습니다. 오히려 나에게도 하지 않던 그루밍을 아깽이에게 해주었지요. 그럴 때면 아깽이도 눈을 반달처럼 구부려 감고 행복한 표정을 지었습니다.

그렇지만 평화의 시간은 보통은 오래 지속되지 못했습니다. 앵오의 넘치는 애정 덕에 아깽이의 정수리가 무스를 바른 것처럼 침 떡이 되거나, 격한 그루밍에 그만 수염까지 톡- 하고 잘라내는 날에는, 짜증을 내는 아깽이와 앵오 사이에 푸닥거리 한판이 시작되었으니까요. 나는 그 모습을 지켜보며 깔깔거리기 바빴습니다.

열다섯 살쯤이 된 앵오는 어느 날 오전, 짧은 시간에 연달아 토를 하고선 괴로워하기 시작했습니다. 눈치 없는 아깽이가 다가가 얼굴을 부비니 더 이상 다가오지 말라는 신호로 "캬악!" 하며 이빨을 드러냈지요. 아깽이는 주눅이 들어 금방 제자리로 돌아왔습니다.

겁 많은 앵오와 한바탕 전생을 치르며 병원을 다녀온 뒤, 유독 기운이 없어 보이는 아깽이를 발견했습니다. 아깽이는 구토를 연달아 했으며, 엄청난 먹성을 자랑하던 아이가 사료를 남기기까지 한 것입니다. 나는 두 고양이가 동시에 건강에 문제가 치명적인 원인이 있을까 싶어 무서워졌기에, 아깽이와 다시 병원을 찾게 되었습니다.

진료가 끝나길 기다리다 떨리는 마음으로 상담

실로 들어갔습니다. 드디어 의사 선생님의 입이 열렸습니다.

"아깽이는 멀쩡합니다. 아무 이상이 없어요."

아깽이는 엑스레이 소견상으로도, 혈액 검사상으로도 아무 이상이 없었습니다. 안도감에 긴장이 와르르 풀리자 괜히 핀잔을 주었지요.

"아깽이 너 꾀병이구나 꾀병. 으이구. 앵오가 아파서 놀랐어?"

아픈 곳이 없다는 건 다행이었지만 한편으로 안쓰러운 마음이었습니다. 그래서 나는 종종, 더 이상 우리 셋이 함께할 수 없는 어느 날의 막내 고양이의 주눅 든 모습을 떠올리며 걱정하곤 했어요.

그 후로 몇 년 뒤, 셋이서 함께 잠들던 이부자리에 둘이서만 눕는 날이 찾아왔습니다. 내 걱정과 달리 아깽이는 다음날도, 모레도, 일주일이 지나도 밥도 잘 먹고 씩씩한 모습이었습니다.

아직 아깽이는 앵오의 부재를 모르고 있을지도 몰랐습니다. 여전히 앵오의 달달한 향이 좋아하던 자리마다 남아 있었으니까요. 자주 눕던 이불에 코를 묻고 킁킁일 때면, 그리운 몸이 마치 나의 주변에 있는 듯한 착각이 들었습니다. 후각이 발달한 고양이들은 더욱 강하게 체취를 느낄 테니, '아깽이는 앵오가 집안 어느 곳에서 낮잠을 자고 있다고 여길지도 몰라.' 나는 한동안 그런 추측을 했습니다.

그러다 죽음에 관한 책을 읽던 중, 나는 아깽이가 어떤 식으로든 앵오의 부재를 인지했으리란 걸 직감했습니다. 어느 개의 주인이 갑작스러운 사고로 목숨을 잃었습니다. 아무리 기다려도 가족이 돌아오지 않자 이유를 알 턱이 없는 개는 온종일 울며 불안한 모습을 보였다고 합니다.

안타까운 마음에 개를 돌보던 이가 지인에게 상담을 요청했는데, 그에게서 가능하다면 주인이 사망한 모습을 개에게도 보여 주는 게 좋겠다는 조언을 들었습니다. 그는 영안실로 찾아가 애타게 기다리던 가족의 모습을 보여주었고, 집으로 돌아온 개는 다시는 울지 않았다고 합니다.

그 글을 읽고 몇 가지 장면이 스치듯 떠올랐습

니다. 앵오가 처음이자 마지막 발작을 하며 쓰러졌을 때, 아깽이는 나만큼 빠르게 앵오에게 뛰어왔습니다. 그러고는 이리저리 몸을 비틀며 괴로워하는 앵오의 얼굴에 코를 가까이 대 킁킁거리며 냄새를 맡고 짧은 깊은 울음을 토해냈어요.

"아오오올.-아오오올-"

그 소리는 마치 늑대 한 마리가 늦은 밤 언덕에 올라가 울부짖는듯한 외롭고 탁한 소리였습니다. 항상 참새처럼 짹짹거리는 작고 가는 목소리를 가진 아깽이에게서는 처음으로 듣는 통곡 같은 울림이었지요.

몇 시간 뒤 온기가 사라진 모습을 보여주었을 때도, 온종일 소란스러웠던 분위기 탓인지 아깽이는 캣 타워 밑에 숨어 우릴 지켜 보고 있었습니다. 그곳은 아깽이가 공포를 느낄 때마다 몸을 숨기는 자리였어요. 조금 특이한 점은 숨을 수 있는 자리 중 가장 바깥의 경계지점에 앉아 있었다는 거였습니다.

겁쟁이인 아깽이는 보통 공포를 느끼면 제일 깊숙한 곳으로 숨어 나오질 않았고, 안전하다 싶을 때만 완전히 밖으로 나왔습니다. 그런데 경계에 앉아 우리를 바라보았다는 건, 무서워 숨고픈 마음과 한 번 더 앵오를 보려는 마음이 공존한 것이 아니었을까 생각해 봅니다.

그 후로 약 3주간, 아깽이는 변한 것이라곤 앵오의 부재밖에 없는 뻔한 방 구석 구석을 킁킁거리며 한 바퀴씩 돌곤 했습니다. 그러고 보니 예전보다 애정표현도 부쩍 잦아졌어요. 내가 방 안에 앉아 책을 읽거나 잠시 눕기라도 하면 다리와 겨드랑이 위로 파고들어 얼굴을 묻은 채 골골거렸습니다.
집사가 집이라도 비울 때면 앵오에게 안겨있었을 아깽이가, 얼마나 큰 부재를 느끼며 나를 기다릴지 상상해 봅니다. 그렇지만 이 작은 고양이는 밥도 잘 먹고 때론 나에게 의지도 하며 집사보다 씩씩한 일상을 살아가는 것이었습니다.

나의 첫 번째 고양이를 함께 추억할 수 있는 노오란 고양이가 곁에 있어 다행이에요. 남은 삶에 다가올 너와 나의 변화 속에서도 작고 말랑한 손을 절대 놓지 않겠다고. 평온히 잠든 얼굴 위로 입을 맞추며 속삭여 주었습니다.

회피성 집순이

-

 나는 주로 죽음이나 상실에 관한 책을 읽으며 시간을 보내다가도, 이후의 시간에는 평소 하지 않던 행위들을 시작했습니다. 난 몇 가지 조건이 있었어요. 가급적 방 안에서 실행 가능할 것. 혼자서 할 수 있을 것. 큰 부담과 책임감 없이 흥미를 유발할 만한 것.

 그즈음 시작한 지 2개월 정도가 된 게임이 있었습니다. 하루에 딱 30분 정도 공을 들였지만 더 오래 하지 못한 이유는 현금을 충전하지 않으면 진행

할 수 없었기 때문이지요. 그런데 앵오를 보낸 날부터 게임은 멈춰 버렸습니다. 그 게임에 접속하면 <OOO님이 입장했습니다>라고 모든 서버에 공개적인 안내 메시지가 떴으며, 레벨을 올리려면 다른 유저와 소통하고 도움을 받아 일일 미션을 해야 했기 때문입니다. 나에게는 더는 그런 요란함을 감당할 힘이 없었습니다.

대신 대 여섯 가지 게임을 다운받았습니다. 아무도 내가 접속했는지 알 수 없고 상대방의 도움이 필요하지 않은 게임. 그저 일정 시간이 지나면 들어와 사과나 벼 같은 농작물을 수확하고, 동물들이 운영하는 가게의 돈을 수거하기만 하면 되는, 그런 류의 게임 중에서도 가장 조작이 단순해 보이는 것들로만.

그마저 흥미가 떨어지자 나는 마구잡이로 웹툰을 읽기 시작했습니다. 그간 보던 웹툰은, 지인의 추천을 받은 것들로 고작 두세 개뿐이었지요.

이후 여름 즈음, 나는 또 하나의 개인적인 상실을 맞이했습니다. 이제 나는 웹 소설계까지 발을 뻗치기 시작했습니다. 최초로 유료 분을 감상할 수 있는 쿠키라는 것도 구워봤지요.

   새로 추가된 잉여 짓 중 하나는 드라마도 있었습니다. 나는 마음에 맞는 드라마를 보면 푹 빠지는 편이지만 근 몇 년간은 바쁘다는 이유로 관심을 두지 못했습니다. 한 해에 어쩌다 끌리게 된 작품을 두어 편 정도 본 것 외에, 나는 살며 한 번도 지나간 드라마를 찾아 몰아보거나 영상을 보기 위해 밤을 꼴딱 새우는 행위를 해본 적이 없었습니다. 넷플릭스나 유튜브가 한창 인기였을 때에도 합류하지 않았었지요.

   그러나 요즘의 나는 안 하던 일을 하는 것에서만 이상한 추진력이 생겨났습니다. 공유 받은 넷플릭스 아이디로 들어가 넷 편의 드라마를 몰아보니 신세계가 열렸습니다. 특히 완결이 나 있는 것들은 쉽게 멈출 수가 없었지요. 주인공의 감정선을 따라 웃고 울다 보면 어느새 창밖으로 새파랗게 날이 밝아왔습니다. 그럴 때마다 내 머릿속은 쉽게 다른 생각들로 채울 수 있었습니다. 하루가 후루룩 지나가 버리는 것도 좋았지요. 나는 나날이 발전하는 집순이가 되어가는 것 같았습니다.

그러고는 틈틈이 이메일을 확인했습니다. 마치 코인을 확인하듯이 새로 온 이메일이 없나 자꾸만 접속하기 시작했어요. 내가 기다리는 건 앵오의 이야기를 담은 나의 첫번 째 책「영원한 너의 집사이고 싶다」의 입고를 요청하는 메일이었습니다. 독립서점에 직접 입고 희망 이메일을 보낸 지는 오래되었지만, 서점들은 워낙 바쁜 탓인지 메일을 확인하고 답변이 오기를 꽤 기다려야 하는 곳이 많았습니다. 그래서 수시로 확인이 필요했지요.

입고 요청이 들어오면 입고 수량에 맞추어 책을 꺼냅니다. 책을 안전하게 감싼 뒤 상자에 넣고, 테이프로 단단히 고정하고 주소를 입력합니다. 배송을 준비할 때는 손가락을 활용하는 단순한 동작에만 집중할 수 있어 좋았어요. 손재주가 없는 내가 책을 포장하는 일에 의외로 많은 시간과 노력이 필요하다는 걸 알고선 투덜거린 적도 있었지만 이제는 이 단순한 행위가, 심지어 약간의 용돈을 가져다주는 유일한 생산적인 활동이 기다려졌습니다.

책을 자주 만지면서도 다시 읽어볼 용기를 내는

건 쉽지 않았습니다. 얼마 전까지는 나의 부족함이 민망하여 펼치지 못했지만 이제는 다른 이유 때문이에요. 이토록 이상적인 집순이가 되어가고 있는 내가 책 속의 나의 고양이를 만나면 일상이 와르르 무너질 것만 같아 겁이 나서였습니다. 나는 사진첩 속 앵오의 모습을 바라볼, 우리의 이야기가 담긴 SNS 계정에 접속할 용기조차도 모자란 겁쟁이였으니까요.

가까운 지인이 건네준 말이 떠올랐습니다.

"네가 쓴 글이 너에게 가장 큰 위로가 될 수 있을지도 몰라. 지금은 어렵겠지만 시간이 지나면 꼭 한번 읽어봐."

조금 더 시간이 지나면 책을 펼쳐봐야겠다고 생각했습니다. 그러나 지금은 포장만 하는 편이 좋았어요.

죽음을 이야기 하는 책 2
- 펫로스가 아니라 -

　우연히 어느 고양이 집사의 글을 읽었습니다. 그는 아끼던 고양이를 떠나보내고 여러 반려동물의 죽음에 관한 책을 보았지만, 무언가 위로받지 못하는 기분이 들었다고 했어요. 그러다 박완서 작가의 산문집 「한 말씀이라도 하소서」를 읽고서야 눈물을 펑펑 흘리고 말았다고 했습니다.

　책은 먼저 떠나보낸 아들을 그리는 어머니의 기록이었습니다. 나는 이 책을 언급하고만, 책을 통해 위안을 받고만 그의 마음이 짐작되었어요. 나는 자식의 죽음과 자식 같은 고양이의 죽음이 동급의 계열에 있다는 이야기를 하려는 것이 아닙니다. 자식을 먼저 보낸 부모의 마음은 인간이 느낄 수 있는 가장 커다란 슬픔 중 하나일 거라 감히 집작해봅니다. 자라나는 아이를 지켜보며 머리칼이 하얗게 물들어가리라던 미래는 산산이 조각나고, 하루 아침에 해가 달로, 달이 해로 거꾸로 매달린 세상에서 살아남아야 하는 일이 아닐까 하고요.

작가는 책의 서문에서 이 글이 소설도 수필도 아닌 일기였음을 밝힌 만큼 솔직하게 분노하고 절망하다가, 책의 끝자락에서야 삶과의 합의에 도달했습니다. 나는 불행이 인간을 성숙하게 한다는 말에는 동의하지만, 하나의 상실이 곧바로 '지금 여기에 충실해지자'는 교훈을 도출하는 것은 아니었습니다.

소중한 이의 죽음을 겪은 사람은 세상을 보는 시각이 확장됩니다. 그리고 남겨진 것들을 위해 살아가리라 다짐하겠지요. 그러나 나는 그것이 체념에 가까운 행위인 것만 같습니다. 온몸 가득 힘을 주고 발버둥 치다 스르르 가라앉아 버릴 때. 그때 다시 떠오르기 위해 간신히 이루어낸 세상과의 타협이라고. 그즈음의 나에게도 그런 이야기가 필요했습니다.

    요즈음 반려동물을 잃고 슬픔에 빠진 사람의 상태를 일컬어 '펫로스 증후군'이라는 용어를 사용합니다. 그러나 나는 이상하게도 펫로스라는 단어에 약간의 거부감이 들었습니다. 보통의 상실은 패밀리 로스, 프렌즈 로스라는 이름으로 분류되진 않으니까요.

    마음이 허물어질 때마다 죽음을 이야기하는 책을 펼쳤습니다. 죽음에 관한 문장들을 읽으며 나의 슬픔이 '반려동물과 이별한 반려인의 것'이란 사실을 잊어갔습니다. 나는 그저, 소중한 존재를 잃어버린 사람일 뿐이었습니다.

*

    반려동물과 나눈 추억을 담담하게 그리는 이야기를 읽을 때에는 '앵오도 이랬었지.' 하며 미소도 짓고 눈물도 닦아 보았지만 무언가 채워지지 않은 느낌이었습니다. 나는 나의 고양이가 사라져 가고 사라진 날 동안 담담하지 못했으니까요. 나에게 그 시간은 옴폭한 허리를 지나 가득 쌓인 모래시계의 밑을 외면하는 날이자, 이미 멈춰버린 시계를 혼자 뒤집고 또 뒤집어 보는 날들이습니다.

그러나 슬픔은 절제 속에서 비로소 아름다워지는 것 같았습니다. 내가 유별난 고양이 집사인 걸까요. 아니면 지나친 감정 과잉과 자기 연민을 경계하는 것이 독자를 배려하는 좋은 작가의 조건이기 때문일지도 몰랐습니다. 그렇다면 문학도나 위대한 작가가 꿈이 아닌 나는 나의 고양이를 마음껏 그리워하는 기록을 남겨도 될 것만 같았습니다.

아직 감정의 온도가 식지 않은 채 적어가는 나의 글은 담담하지 못하고 특정한 감정에 젖어있을지도 모릅니다. 그러나 누군가 나의 이야기를 보며 '고양이 한 마리를 잃음에 이토록 유난한 사람이 나 말고 또 있구나.'라는 사실만으로도 위안을 받는다면, 그것은 죽음에 관한 책을 뒤적거리던 시절의 나에게는 충분히 의미 있는 일이었습니다.

죽음을 가까이하는

−

바닥에 엎드려 누워 이불을 앞뒤로 뒤집으며 샅샅이 살피고 있습니다. 나는 하얀색-갈색-검은색이 한 줄에 골고루 놓인 털을 찾고 있었지요. 하지만 털이라는 것이 가늘고 개수도 적어, 생각보다 많이 모으질 못했습니다. 아! 그 방법이 있었지. 옷에 묻은 털을 제거할 때 유용하게 사용하는 접착 돌돌이를 가져왔습니다. 이불 위로 돌돌이를 굴린 뒤 끈끈이 면을 확인하니 예상대로 많은 털을 발견할 수 있었지요. 아뿔싸! 그런데 접착 면이 끈적해 털이 잘 떨어지질 않았습니다.

앵오를 보내기 전에 털을 모아둘걸. 왜 진작 그 생각을 못 했을까, 뒤늦은 후회를 했습니다. 늘 고양이 털이란 것은 청소기로 흡입하고 옷가지에 달라붙은 것들을 떼어 내기 바쁜 것들이었는데. 골치의 대상이었던 털들이 지금은 희소가치가 폭등하고 만 것이지요.

뒤늦게 청승을 부리는 이유는 얼마 전 무심코 읽었던 댓글이 떠올라서였습니다. '아이들 털을 목걸이로 만들어 주는 곳도 있더라고요.'라는.

나는 앵오의 유골을 스톤으로 만들어 간직하거나 유골함에 넣어 집 안에 보관하지 않기로 했습니다. 사람마다 애도의 방법은 다를 테지만 나에게는 잘한 결정이었습니다. 휴대폰에 저장해둔 자료를 찾으려 사진첩을 내리다 앵오의 사진을 보고도 지나쳐야 했을 때, 완성된 털 목걸이를 보관한 서랍장에서 무언가를 빨리 꺼내고 닫아야 할 때마다 앵오를 잊어버리는 것만 같은 죄책감이 들었으니까요.

나의 고양이와 관련된 작은 흔적만 보아도 마음

이 술렁거리는 나이기에, 유골함을 곁에 두고 다른 행동을 하거나, 혹은 그것만 바라보며 슬퍼하는 경우 모두 내게는 힘든 일일 것만 같았습니다. 그렇지만 앵오가 지구에 존재했다는 물리적 흔적을 간직하고 싶었습니다. 그런 의미에서 털 목걸이는 적절했습니다. 얇은 털 한 가닥가닥은 앵오가 지구에 존재했다는 고유한 증거였으니까요.

   반려동물의 털이나 유치로 목걸이, 팔찌 등을 만들어주는 사이트를 찾아보았습니다. 나는 그중 한 사이트로 들어가 초승달이 떠오르는 모양의 펜던트를 전통적인 형태의 매듭으로 이은 목걸이를 골랐습니다. 모은 털을 지퍼백에 담아 발송하자 얼마 뒤 목걸이가 도착했습니다. 털이 부족해서인지 조금 비어 보였지만 만족스러웠어요.
   나는 그 직업이 괜찮아 보였습니다. 혼자서 조용히 작업을 할 수 있다는 점도 마음에 들었지만 무엇보다 의뢰인에게는 특별한 의미가 있는 것을 만들어내는 일이었으니까요.
   해외 사이트를 찾아보니 사람의 머리카락, 치아

등으로 실제 보석을 닮은 액세서리를 만들어주는 곳도 있었습니다. 창립자의 설립 스토리를 보니 그들 대부분은 사랑하는 사람을 갑작스레 잃어본 경험이 있었어요.

그들은 자신들이 만드는 목걸이가 단순한 액세서리가 아님을 알고 있었습니다. 작품이 완성되는 순간까지 그 점을 잊지 않았기에, 그 마음은 고객들에게도 고스란히 전해졌습니다. 사랑하는 존재를 보낸 사람들은 과정이 진행되는 동안의 그의 배려와 친절함에 감사를 표했습니다.

어느 순간 관심을 가지니, 세상에는 죽음을 이야기하고 가까이하며 살아가는 사람들이 많았습니다.

죽음을 이야기 하는 책 3
- 슬픔을 엿보다 -

 나는 책 속에서 다양한 슬픔을 가진 지구인들을 만났습니다. 둥글게 돌아가는 지구 곳곳에는 아픔이 숨겨져 있었어요. 하루 아침에 사랑하는 사람을 잃어버린 상실, 사랑하는 이들을 두고 먼저 떠나야만 하는 예정된 슬픔. 가까운 이의 소멸을 바라보아야 하는 고통, 연속된 불운에 몸과 마음이 무너져버린 절망까지. 그들 중에는 나와 동시대를 통과하는 사람과 지구 반대편에 사는 사람, 그리고 이미 세상을 떠난 이도 있었습니다.
 첫 상실의 날 이후 아침이 밝아 올 때, 그들은 어

떤 기분이었을까요? 어떤 마음으로 글을 써 내려 갔을까요. 넘기던 페이지를 한 손으로 고정한 채 가늠해 봐도 온전히 알 순 없으리란 걸 알았습니다. 나는 완전한 타인일 뿐이니까요.

그러다 보면 문득 세상의 많은 슬픔 중 나의 상실과 애도는 유난스러운 것이 아닐까. 하는 생각이 물끄러미 올라왔습니다.

요즘의 내가 불행하다고 느껴져 일부러 불운한 사람들의 이야기로 위안을 삼으려 한 것은 아니었습니다. 죽음과 상실에 관한 기록을 읽다 보니 상대적으로 아픈 경험을 한 이들을 자주 접하게 되었지요. 그러다 보니 나는 그늘의 슬픈 서사를 책장 너머로 훔쳐보며 무언가를 얻어보려는 사람의 입장이 되어버렸어요.

언젠가 타인의 불행에서 희망을 찾은 이들을 못된 사람이라고 여기는 글을 봤습니다. 내 생각은 조금 달라요. 나쁜 사람이란 그들이 원치 않음에도 이야깃거리를 삼아 말을 옮기는 사람에 한정됩니다.

다른 이들의 슬픔 속에서 얻을 수 있는 것은 그들보다 내 상황이 낫다는 안도감만은 아니었습니다.

나에게는 오히려 나의 불행이 전부가 아니었음을, 세상은 슬픔을 안고 살아가는 다수의 사람으로 이루어져 있다는 종류의 겸손함을 가져다주었습니다. 누구나 자신의 슬픔이 가장 무겁게만 느껴지니까요.

책 속의 사람들은 용감했습니다. 자신이 이야기가 이름조차 모를 누군가를 감싸 안아 세상으로 나아가길 바랐습니다. 아마 그들은 삶의 의미를 부여해야 그 시간을 버틸 수 있었을지도 모르겠어요.

죽음을 가까이한 이들에게 무언가 커다란 삶의 비밀이나 있을 것 같아 찾아보기 시작했지만 특별한 비결은 발견하기 어려웠습니다. 마지막에 닿는 순간까지도 그들의 삶은 이어지고 있었으니까요.

내가 얻을 수 있었던 것은 죽음이 멀리 있는 것이 아니며, 누구에게나 언제든 찾아올 수 있다는 것. 그리고 인간의 의지를 벗어난 죽음과도 같은 불행 앞에서 사람이 할 수 있는 일은 많지 않으며, 또한 생각보다 많다는 것이었습니다.

그렇게 현실을 살아내는 수밖에 없다는 자각이 조금씩 생겨납니다.

지나 보아야 알 수 있는 것들
-

#1

 그 해는 참 운수가 없었어요. 나와 불행 대결을 하던 친구는 올해 우리가 삼재이기 때문이라 추측했습니다. 인간에게 9년을 주기로 돌아온다는 재난, 소위 재수가 없는 해라고 여겨지는 삼재. 나는 삼재에 관해서 믿질 않아 친구의 말을 듣는 둥 마는 둥 넘겼지만, 어느 날은 무언가 있을지도 모른다고 생각했습니다.
 그즈음 나에게는 팀이 있었어요. 수입은 적었지

만 나날이 할 수 있는 게 늘어나는 우리가 좋았습니다. 무엇보다 이 여정에 때론 얼굴을 붉히다가 서로를 다독여 줄 사람이 있다는 것만으로도, (심지어 음식 취향도 개그 코드도 맞는 사람과 함께) 우리에게 일이란 쉽게 놓을 수 없는 애증의 시간이었습니다.

그런데 그해 초, 갑작스럽게 일을 정리하게 되었어요. 사실 나의 팀은 별다른 계기 없이도 머지않아 사라질 운명일지도 몰랐습니다. 비스듬히 넘어갈 듯 이어지는 날들의 끝에서 결국 우리의 손으로 접어버렸을지도 모를 일이었지요.

하지만 모퉁이 위에 위태로이 서 있는 사람일지라도, 우연히 툭 하고 부딪힌 손가락이 추락의 계기가 되었다면 그는 자의로 뛰어내린 것이 아니게 되었어요. 그런 미련에 한동안은 마음이 쓰려왔습니다.

어느 날은 익숙한 육교를 내려가다 발목을 접질려 한 쪽 다리에 깁스를 했고, 개인적인 상실로 소나기가 내리는 날 서로가 서로를 모른 척하고 지나치는 꿈을 수시로 꾸었습니다. 그리고 유례없는 전염병의 시대가 열렸어요. 모든 정황이 나를 방 안으로 유도하였고 집순이인 내가 이 기회를 놓칠 리가 없었지요.

  집 밖을 나갈 일이 사라지며 고양이들과 보내는 시간이 많아졌습니다. 24시간 함께였다는 표현이 더 정확하겠어요. 이불 위로 뻗은 촌스러운 초록색 깁스 사이로 옹기종기 모여드는 앵오와 아깽이를 바라보면 저린 골반에도 웃음이 나왔습니다. 집사의 다리가 불편하든 말든 간에 함께 있는 시간이 늘어난 두 녀석은 꽤 만족스러워 보였어요.

  종일 방을 지키는 게 가장 좋은 이유는 무엇보다 앵오를 마음껏 돌볼 수 있어서였습니다. 열여덟 살인 앵오는 점점 야위어가는 만큼 입맛이 까다로워졌어요. 무언가 먹고 싶어 냥냥거리며 투정을 부리지만 막상 음식을 주면 몇 입을 채 먹지 않고 고개를 돌렸지요. 그러나 다행스럽게도 나는 매 순간 앵오가 관심을 가질만한 음식을 찾고 조합하는 것에 소질이 있었습니다. 그렇게 한 입만 더 먹어 보자며 숟가락을 들고 편식하는 어린아이를 쫓아다니는 엄마들처럼 두세 시간마다 적은 식사량을 채워나갔습니다.

나는 앵오가 괜한 심술을 부리는 것이 아니란 걸 알고 있었어요. 나의 고양이는 몸의 이곳저곳이 약해질수록 입맛을 잃어가는 것뿐이었습니다.

어느 순간부터는 아무리 기대되는 외출일지라도 마음이 편하지 않았습니다. 내가 집에 있었더라면, 아니 조금이라도 빨리 들어간다면 나의 노묘에게 사료 한입, 물 한 방울이라도 더 먹이리란 걸 알았으니까요. 그 한두 입이 모여 뼈대가 드러나기 시작한 노묘의 살이 된다고 생각하면 사람들 사이에서 웃고 있어도 나는 자꾸만 시계를 확인하고 싶어졌습니다.

작아진 몸으로도 당당하던 목소리와 반짝이는 눈을, 집사가 사정하면 못 이기는 척 접시에 고개를 박고 한 입을 더 먹어주던 분홍빛 코와 혀를 기억합니다. 어떻게 십수 년을 매일 보아도 빠짐없이 사랑스러우냐고 눈만 마주치면 분홍 코 위로 빼곡히 입맞춤을 늘어놓던 날들은, 지나고 보니 우리의 마지막 1년이었습니다.

    그렇게 삼재와 집순이의 콜라보로 나의 고양이와의 마지막 일 년을 함께 보낼 수 있었어요.

    #2

    아주 어릴 적의 나는 그리고 쓰는 걸 좋아하는 아이였지만 그것이 직업으로 삼을만한 재능은 아니란 걸 진작에 눈치챘었지요. 그리 간절한 마음도 아니었기에 시간이 흐를수록 특출 난 재능의 빛을 따라가는 친구들을 보며 나는 교과서 귀퉁이에 낙서나 끄적거리는 편이 맞겠다고 생각했습니다. 그리고선 나의 미래에 관하여 심각하게 고민하지 않았어요.

    그렇게 의식의 흐름대로 살다 진로에 관해 내린 가장 어이없는 선택 중 하나는 고등학생 시절 이과를 선택한 것입니다. 너는 딱 봐도 문과다. 이대로라면 이과의 밑거름이 될 것이라 호언하던 친구 B의 예언은 정확했어요.

빗방울이 우수수 떨어지면 책상 고리에 가방을 걸어 둔 채 학교를 나오지 않던 친구와, 자율학습 시간마다 노트에 까맣게 수학의 정석을 필사하던 나의 수리2 영역 점수는 별반 차이가 없었습니다. 오히려 그 친구는 일정하게 등급을 유지했지만 나는 그보다 못한 날도 있었지요. 어느 날 친구에게 물어보니 비결은 의외로 간단했습니다. 처음부터 끝까지 한 가지 답으로만 쭉 마킹을 하면 된다고 했어요. 실제로 그 비법은 효과가 꽤 있었습니다.

나는 수리와 과학에 젬병이었지만 언어영역은 따로 공부하지 않아도 2등급을 유지하거나 가끔 1등급이 나오기도 했어요. 쉬는 시간에는 내가 개발한 인중이 길고 인간과 닮은 도끼 캐릭터를 반 친구들의 연습장 귀퉁이에 그려주다가도, 자율학습 시간에는 도무지 나에게 틈을 보이지 않는 수학 문제집을 붙잡고 울었습니다. 그렇게 나는 내가 좋아하지만 특출 난 재능까지는 아니던 일들과 더욱 멀어지기 시작했어요. 이후에 내가 선택한 진로와 직업들도 그러했습니다.

그러다 이십 대 후반 시각디자인을 익혔습니다.

그때 배운 기능으로 앵오가 아프기 시작할 즈음부터 끄적이던 단상과 그림을 엮은 것이 있었지만, 나는 조금 더 책의 물성에 가까운 것을 완성해 보고 싶었어요. 방에 머무르는 시간이 많은 지금이 결심하기에 딱 좋은 시기였지요.

그래서 독립출판을 하기로 마음먹었습니다. 독립출판은 다양한 사람들이 기성 출판보다 각자의 이야기를 솔직하게 털어놓을 수 있는 창구라고 생각했어요. 큰맘 먹고 태블릿을 구입해 그림 그리는 방법을 익혔습니다. 덕분에 나의 고양이와의 상상 속 장면이 조금 더 세밀해졌어요. (이전에는 마우스로 선을 그리다 보니 그림체가 더 딱딱했습니다.)

몇 줄 안 되는 메모로 쓴 마음들을 긴 글로 써 내려갔습니다. 엉성한 필력은 당장 어찌할 수 있는 영역이 아니었지만 나는 하고 싶은 이야기가 많은 집사였어요. 그 무렵에는 세상의 모든 사물이 나와 나의 고양이를 위한 노래로 보였습니다. 나는 하늘 높이 떠 있는 별에서부터 길가에 나뒹구는 돌멩이 하나에서도 우리의 이야기를 발견하곤 했습니다.

몇 번의 계절이 바뀌었습니다. 이 시절의 나는 매일 방 안에서 사랑하는 고양이들에 둘러싸여 그들을 그리고 이야기하고 있었어요. 야위어진 나의 고양이에게 매 순간 귀를 기울이고 사랑한다고 속삭여 주었습니다.

더할 나위 없는 날들이었습니다.

나를 방안에 주저앉히고 만 운수 없는 날들이 늘 꿈꾸던 날들을 만들어주었다는 것을, 나는 시간이 꽤 지나고서야 알게 되었습니다.

어떤 때에는 손에 쥔 것들을 놓치고 나서야만 비로소 중요한 것을 바라볼 용기가 생겼어요.

우리의 책은 그 해를 넘겨 새해의 어느 날에 완성되었고, 그로부터 한 달 뒤 나의 늙은 고양이는 무지개다리를 건너갔습니다.

그래서 믿기 싫은 날로부터 두어 달이 더 흐른 지금, 나는 다시 키보드 앞에 앉아 있는 것입니다.

어디로 보낼지 모르는 기도
- 죽음 이후의 말들 -

다양한 위로의 목소리를 들었어요. 슬픈 만큼 마음껏 울길 바란다거나 너무 오래 힘들어하지는 않았으면 좋겠다는 말도, 앵오가 어디선가 늘 나를 지켜보고 있을 거라던가 고양이 별에서 나를 기다리고 있을 거라는 이야기도요.

사람마다 죽음에 관한 생각이 달라 건네는 위로의 모양도 다양했어요. 나는 그들이 상상할 수 있는 '고양이의 영혼이 지구를 떠난 뒤의 가장 아름다운 결말'을 떠올리며 실의에 빠진 나를 위해 고르고 골라 건넸을 한마디가 고마웠습니다. 나 또한 슬퍼하는 이에게 어떤 위로의 말을 해야 할지 망설인 적이 많았기 때문에.

 그러나 나는 정작 어떠한 기도를 해야 할지 알 수 없었어요. 너는 어디를 향해 가고 있을까? 어디로, 어떤 기도를 보내야 너에게 먼저 닿을 수 있을까.

 나의 방황은 명확한 종교나 신앙심이 없기 때문일지도 몰랐어요. 나는 어릴 적에 천주교 세례를 받았지만 성당에 나간 지는 꽤 오래전 일이었지요. 여전히 신은 존재한다고 믿지만 어느 한 가지 진리만이 절대적이라고 여기진 않아요.

 무엇이든 살아가는 동안 외로운 마음을 비출 수 있다면, 그것이 좋아하는 노랫말 속의 한 마디, 책갈피에 끼워진 한 문장, 우연히 건넨 지인의 한 마디 일지라도 신성하다고 믿고 싶었습니다.

 나는 마침내 나의 고양이가 고양이 별에 있는 상상에 도달했습니다. 걱정 많은 집사의 고민이 시작됐지요. 까칠한 앵오가 다른 고양이들과 어울릴 수 있을까? 그 많은 고양이는 누가 돌봐주려나. 고양이들도 저승으로 가는 길목에 누군가의 마중을 받았을까? 혹시 시꺼먼 옷에 갓을 쓴 사람이라도 만났다면 겁이 많은 앵오는 기겁을 해서 달아났을 텐데, 부디 잘 챙겨 주었을까?

그제야 전래동화처럼만 여기던 죽음에 관련한 온갖 신화가 이해 가기 시작했어요. 나처럼 걱정 많은 사람들이 아주 오래 전 지구에도 존재했나 봅니다.

어디선가 앵오가 수호천사처럼 나를 지켜보고 있다는 생각도 해보았어요. 나쁘지 않은 상상이었지요. 그러나 가여운 나의 고양이에게는 그것마저 바라고 싶지 않았습니다. 나는 앵오가 떠난 뒤 처음으로 내게 온 꿈에서, 물끄러미 나를 바라보고 서 있는 얼굴을 두 손으로 소중히 감싸 안았어요. 그리고는

"앵오야, 혹시 내 옆에서 쭉 지켜보고 있었던 거야? 왜 좋은 곳으로 안 가고 혼자 외롭게 그러고 서 있었어."라는 말을 한 것 같아요.

앵오가 떠나고 한 달이 지난 어느 날 언니에게 전화가 왔어요.

"어제 앵오가 꿈에 네 방에 나타났어. 캣타워 위에 있더라고. 입에 보라색 긴 끈을 물고 있더라. 그 끈을 물고선 영혼처럼 벽을 통과해서 사라졌어."

신비한 꿈이었어요. 언니는 끈을 토대로 해몽을 이어갔지요.

"뭔가 그 끈이 인연의 상징 같은 게 아닐까? 그래서 끈을 물고 어디론가 갔으니까, 다시 태어나러 간다는 말이 아닐까?"

엄마에게 그 얘기를 전하니 "앵오가 우리 집에 놀러 왔구나. 보고 싶었나 보다."라고 했어요. 그 말에 눈물이 핑 돌았어요. 나는 섬색칭에 '보라색 꿈'을 검색했어요. 다행히 꿈에서 보라색이 상징하는 것은 고귀함, 행운, 지혜와 같은 것들이었습니다.

죽음 이후의 세상은 살아있는 누구도 도달한 적 없는 곳이기에, 여러 가능성으로 생각의 꼬리가 이어져 나갔어요. 사랑하는 존재를 닿을 수 없는 곳으로 보낸 사람들은 어떤 형태로든 그의 존재가 이어지길 바랐습니다.

만약 이번 생이 끝나고서 모든 것이 무(無)라는 결말이 기다리더라도, 기도하는 연약한 인간들에게 신은 끝내 진실을 건네지 못할지도 모릅니다.

*

개인적으로 마음에 든 영혼에 관한 이야기가 있어요. 지구에 내려온 영혼은 배움의 목적을 가지고 온 것이래요. 그렇기에 그의 삶이 아무리 안타까워 보여도 성숙한 영혼은 스스로 선택하여 이번 생에서 무언가를 배우기 위해, 혹은 세상에 메시지를 남기기 위해서 다녀가는 거라고 했습니다. 그리고 죽음 이후에도 영혼의 여정은 이어지기에, 지구에서의 삶만이 그의 모든 운명은 아닌 것이라고요. 나는 이 부분이 유독 마음에 들었던 것 같아요.

나의 고양이는 어떤 이유로 내게 왔을까요? 가끔은 앵오가 나를 위해 지구에 다녀갔을 거라는 생각을 떨칠 수 없어요. 이렇게 약해져 가는 너를 두고 아무것도 못 할 것만 같은 내 마음을 들켜버려서, 비교적 온전한 몸일 때 혼자만 아파하다 떠나갔을지도 모른다고.

누군가 진정한 사랑은 상대로 인해 변화하는 자신마저 아끼게 되는 것이라 했지요. 나는 나의 고양이로 인해 내 안의 큰 사랑을 알았어요. 다른 존재의 고통에 예민해졌어요. 그리고 다시 쓰고 그리게 되었지요.

얼마 뒤 나의 고양이를 위한 기도를 완성했습니다.

어디에서 어떤 모습으로 지내든
너는 사랑받을만한 존재임을 잊지 마.
시간이 지나 다시 만나기를 꿈꾸지만,
그날만을 기다리진 않을게.

나의 기도가 어느 날
네 삶에 알 수 없는 행운으로 가기를.
너는 아름다운 너만의 여정을 이어가길 바라.

쓰는 이유

-

　매미 울음과 후텁지근한 공기가 고요한 방을 침범합니다. 나를 닮아 미련한 아깽이가 계절감이 지난 푹신한 이불 위에 얼굴을 묻고 잠이 들었습니다. 나는 종종 더위를 참지 못하고 샤워기를 향해 달려 나갔지만 왠지 모르게 보드랍고 따뜻한 이불을 쉽게 치울 수가 없었어요. 앵오라면 이런 우리를 설득하느니 진작에 시원한 베란다 타일 위로 몸을 뉘었을 테지만요.

　컴퓨터에서 나온 열기가 방을 더욱 후끈하게 만

들었습니다. 나는 모니터 앞에 엉덩이를 붙이고 앉았어요. 나의 고양이가 떠나고 얼마지 않아 키보드를 두드리기 시작한 것은 자연스러운 일이었습니다. 살다 보면 펜을 들고 싶은 날이 온다고 하던데, 그즈음의 나는 쓰기 위해 쓰려 한 것이기보다 써야만 하는 것에 가까웠습니다.

그렇게 모인 이야기들로 언젠가 또 책을 만들고 싶다고 생각했습니다. 그러나 위대한 작가를 꿈꾼 적은 없기에, 내가 하고 싶은 이야기가 끝나가는 이번이 마지막일 거라고 생각했어요.

그러나 매미 울음이 일상의 배경음으로 깔린 시점에 나는 반복되는 상실과 실망으로 점점 무기력해져 갔어요. 의미를 발견하고 목표를 정해 나아가는 건 습관처럼 잘하는 일 중 하나였지만 이제는 영 자신이 없어지고 말았습니다. 자세히 말하자면 굳이 의미가 필요한 이유를 찾을 수 없었던 것이지요. 그럴 때면 우울이라는 단어를 검색창에 적어 보기도 했습니다.

그런 내가 무언가에 몰입하기엔 마음먹기보다

큰 노력이 필요했습니다. 그러나 힘들다는 이유로 유일하게 의미를 부여한 행위마저 멈추어버린다면, 올해의 나는 정말 모든 걸 잃기만 한 사람이 될 것 같았어요.

몸을 일으켜 한 문장을 완성하니 근래에 태블릿이나 휘휘 젓던 손가락들이 제법 바빠지기 시작했습니다. 다듬어지진 않았지만 내 안을 떠돌던 문장들이 하얀 여백 위로 쏟아져 나왔습니다.

*

나는 시간이 꽤 지나고서야 앵오와의 마지막 일 년을 함께 보내며 완성한 나의 첫 번째 책을 펼쳐 보았습니다. 온라인 북 토크를 준비하자는 명분이 생겨서였지요. 그러자 그 글을 쓰던 나와 지금의 나는 반년도 채 지나지 않았지만 많이도 달라져 있다는 걸 알게 되었습니다.

가령 그때의 나는 나의 고양이가 사라지는 건 세상이 무너지는 일일 거라 여겼지만, 이제는 세상은 그대로라는 걸 알아버렸어요. 결국엔 나조차도 살아진다는 것도요. 그것을 모를 때와 알 때의 나는 조금의 차이가 있었어요. 그래서 그때의 나와, 지금의 내가 하려는 이야기는 닮아있으면서도 다른 모습일 거라고 생각했습니다.

 우리가 발붙이고 선 땅 위를 흐르는 물은 한순간도 같은 물일 수 없어요. 어느 날 하늘에서 출발한 빗방울들은 지구에 착륙하여 땅과 식물의 줄기를 거쳐 강으로 바다로 흘러갈 테지요. 그러다 어느 퀴퀴한 하수처리장을 지나기도 하면서요.
 우리는 순간마다 그들에게 바닷물, 강물, 수돗물이라 이름을 붙이지만 내 눈앞에 그들이 어떤 시간을 거쳐 이곳까지 흘러들있는지는, 물의 표면 밖에 이들은 끝내 알 길이 없어요. 물은 흘러가며 물의 기억을 가질 테지요. 그만의 기억을 가진 물은 하나의 이름으로 불릴지라도 결코 같을 수가 없어요.
 그가 흐르지 않아 보이는 순간에도.

 아직 내 마음이 모두 아물지 않았음을 느낍니

다. 그리고 시간이 지난 뒤의 마음은 다시 어디로 흐를지 짐작할 수 없었어요. 그러기에 더욱 기록해야만 하지 않을까, 생각했습니다. 기록하지 않은 변화의 순간은 쉽게 잊히기 마련이며, 언젠가 사라질 것이라 하더라도 명백한 시절의 일부로 존재하였음을 이제는 알고 있으니까요.

나의 고양이는 내일의 내가 아니라, 아끼던 온기와 하루라도 가까운 오늘의 내가 써야만 하니까요.

4장

슬퍼하는 이에게

'시간이 지나면'의 비밀

-

시간이 지나면 슬픔이 나아질까요? 저는 이제 매일 울지 않고, 친구들과 농담도 주고 받습니다. 그리고 죽음과 관계없는 책도 읽고 있어요. 그러니 지금 출구가 보이지 않는 슬픔에 갇힌 분들도 조금의 희망을 가져보세요. 당장은 아닐 거예요. 어둠이 내려앉으면 눈을 감고, 다시 빛이 차오르면 눈을 뜨는 한밤 두 밤 서너 밤들이 수없이 지나가야 해요.

사실, 시간이 지나면 괜찮아진다는 말의 비밀은

괜찮은 시간이 올 때까지 아플 수밖에 없다는 거였어요. 또 하나의 비밀은, 시간이 지나면 아픔이 사라지는 것이 아니라 당신이 아파야만, 비로소 시간이 지나간다는 것입니다.

당신은 보이지 않는 곳에서 더 많이 울게 될 거예요. 애써 외면하려 서랍장 속에 숨겨 둔 채 문을 잠가버린 그것들은, 어느 날 무심코 건드린 작은 충격에도 우르르 무너져버리고 말 거예요. 그렇게 다시 쏟아지고 담고, 쏟아지고 닫는 일을 반복해야만 해요.

때로는 시간이 지나가기만을 기다리지 말고 슬픔이에게 다가가세요. 슬픔이가 혼자이고 싶다 소리치는 날은 과감히 둘만의 시간을 보내는 거지요. 슬픔이가 목 끝까지 차오르는 날은 다른 이들에게 손을 내밀기도 해야 합니다.

당신만의 슬픔이를 달랠 방법도 찾아보세요. 도서관으로 걸어가 책을 읽어도 보는 거예요. 운동이라면 기겁하던 당신이 푸릇한 나무들이 들어선 고개를 오르다 보면 어느새 기분이 좋아질지도 몰라요.

슬픔에게 목소리를 주어요. 슬픔이의 모습은 다양해서 성난 목소리, 미운 목소리, 후회하는 목소리, 좌절하는 목소리, 그리움의 목소리, 심지어 아무 목소리도 없는 날조차 있지요. 그런 모습들을 하나하나 적어 내려가다 보니 어느샌가 후련하더니, 슬프더니, 어떤 것들은 받아들여지기도 하더랍니다.

그런 시간이 하나둘 모여 바깥으로 나간 어느 날, 당신을 본 사람들은 '시간이 흐르니 괜찮아졌나 보다.' 하고 생각할 거예요. 그럼 사실은 내가 괜찮은지 안 괜찮은지 알 수 없던 당신은, 그 순간 무언가 알 것만 같은 느낌이 드는 거예요.

아, 그냥 이렇게 지나가는 거구나. 어쩌면 모두가 이렇게 살아가는 거구나. 그렇게 너털웃음으로 넌지시 건네오는 안부의 대답을 대신하고 마는 거지요.

모두가 잠든 밤, 이불 속에서 조용히 그리운 얼

굴을 떠올려 봐요. 그러다 다시 눈을 감아요. 그럼 또 다음날이 밝아올 테니까요.

누군가 말했대요. 살아가는 건 소낙비가 지나길 기다리는 게 아니라, 흠뻑 젖으면서도 빗속에서 춤추는 법을 배우는 것이라고요.

슬퍼하는 이에게
- 진정한 공감 -

#1

　슬픔은 한 가지 모습으로만 찾아오지 않았어요. 오랫동안, 나는 이렇게 우울하고 예민한 기운을 가득 뿜는 나를 상상하기 어려웠습니다. 절망이 침범할 때면 겁을 먹곤 했지만, 나는 내 처지를 웃음으로 빗대며 작은 긍정 한 조각을 썩 잘 찾아내는 편이었어요.

　때때로 갑자기 메신저에서 사라져 버린 친구들을 기다리거나, 번호를 바꾼 후 몇 안 되는 연락처에 내가 포함됐다는 소식에 "이번에도 내가 무사히 살아남았구나. 땡큐" 하는 우스갯소리를 건넸지만, 사실 세상과의 거리를 두고자 하는 그들의 심정을 온전히 이해하는 것은 아니었습니다.

그러나 변하지 않는 건 없었어요. 나는 혼자만의 시간이 필요했고, 지인들의 연락에도 고맙다는 인사와 함께 다음을 기약했습니다. 하지만 완전한 거리 두기를 할 용기가 없어 유지하던 손바닥만 한 핸드폰은 세상과 나를 끊임없이 이어주고 있었어요.

본격적으로 상처를 받은 건 2주쯤이 지나서였습니다. 대놓고 나의 감정을 비하하는 이는 없었지만, 마음속으로 느끼는 가벼움은 결국 사소한 것들에서 베어 나오고 말았어요.

가지고 싶은 사치품에 관한 사진과 수다, 나에게 대뜸 무언가를 물어보는 연락에 키읔을 가득 달다가 답만 듣고 끊긴 메시지, 떠도는 유머 공유, 그래도 나의 상황보단 네가 낫지 않냐며 갑작스럽게 비교당하기나 내가 기운을 잃은 원인을 금세 잊어

버린 듯한 질문 등.

    모두 다 적을 순 없는 그런 흐름에 의하면 나는 너무도 빨리 시시덕거리던 예전의 일상으로 돌아가야만 했습니다. 겪어 보지 않아 모를 수도 있는 거야. 지금의 내가 많이 예민한 탓일 거야. 그렇게 하루하루를 넘기던 사소한 순간이 모여 마음속 퍼런 자국은 짙어져만 갔습니다.

    우리는 서로를 우주에서 가장 소중한 눈길로 바라보았어요. 매일 한 이불에서 잠이 들었고, 잠시라도 떨어져 있을 때면 서로를 그리워했지요. 나의 고양이는 그런 자신을 두고 어딜 다녀왔냐며 투정을 부리곤 했습니다. 나이가 들수록 변화해야 하는 삶의 방식과 약간의 불편함조차 함께할 수 있다면 모두 감사한 것들이었습니다.

    나의 마음과 시간의 대부분을 내어주어도 아깝지 않던 날들. 나는 나의 고양이의 가장 가까운 친구였고, 그 아이의 보호자였습니다. 그래요. 우리는 누가 뭐래도 가족이었습니다.

    나와 다른 종이라고 하여 이런 마음이 싹트는 것

이 불가능한 것은 아닙니다. 핏줄을 나누었더라도 그런 마음이 당연한 것도 아니지요. 그렇다면 세상의 혈연으로 이어진 이들과, 닮은 유전자의 고리로 구성된 이들이 서로로 인해 상처를 주고받는 안타까운 이야기는 존재하지 않아야 하니까요.

인간은 선택할 수 있어요. 무엇이든 자신이 필요한, 자신을 필요로 한 존재를 선택하여 온 마음을 쏟아 낼 수 있는 것이에요.

나는 궁금해요. 어떻게 마음에 선을 그어 둔 채 사랑할 수 있나요? 꼬리가 길고 온몸이 털로 뒤덮여 있다는 이유로 덜 사랑하고, 덜 그리워할 수 있는 걸까요.

때론 슬퍼하는 이에게 그를 일으키는 말보다 더욱 주저앉히는 말을 않는 것이 도움이 됐습니다. 그들은 기억조차 못 할 사소한 행동에 한껏 옹졸하고 예민해진 나를 자책하면서, 상처는 서둘러 아물지 못하고 덧나갔습니다.

시간이 흐른 지금은 그 순간들을 모두 미워하지

는 않습니다. 그때의 흔적이 전부 아물진 못했지만 모든 사람이 섬세할 수는 없는 노릇이니까요. 대신 내게 소중한 것들을 존중해 주려던 고마운 마음을 오래 기억하기로 했습니다.

나는 나에게 중요한 것이 무엇인지 인식하기 시작했어요. 모든 삶의 길은, 어쩌면 나와 비슷한 결을 지닌 것들을 찾아가는 과정일지도 모르겠습니다.

#2

큰 상실의 아픔을 겪는 이들에게는 잠시나마 세상과의 거리 두기를 권하고 싶어요. 몰아치는 감정의 홍수 속에선 자신을 감당하기만도 벅찰 테니까요. 갑작스레 큰 구멍이 나버린 하루들을, 내일도 찾아올 낮과 밤을 어떤 마음으로 맞이해야 하는지 고민하는 시간이 필요해요.

경험상 그 기간에는 작은 말과 행동에도 쉽게 상처를 받았습니다. 대부분의 사람은 슬픔에 빠진 타인을 대하는 방법이 서툴고, 슬픔에 빠진 자신을 마주하는 것조차 어렵기 마련이니까요.

특히 나의 슬픔이 다수에게 보편적이지 못한 것이라면 더욱 그러했습니다.

자발적인 고독의 시간 동안 나를 이해해 주는 한두 명의 지인이 있다면 그 시간을 덜 외로이 견딜 수 있었어요. 다행히 나의 주변에는 섬세한 사람들이 몇 있었습니다.

그들은 내가 웃어 보여도 나에게 없힌 보이지 않지만 축축이 젖은 주머니의 존재를 알아봐 주었어요. 가끔가다 오늘도 많이 젖진 않았는지, 무겁진 않았는지, 쉬어가기는 했는지 물어봐 주었어요. 나의 성격 파탄과도 같은 감정들에 대해 고백할 때에도 지금은 그럴 수 있을 거라며 토닥여 주었지요. 그런 마음들 덕에 나는 농담하며 웃기, 편한 일상 나누기를 이어갈 수 있었습니다.

진심 어린 공감은 반드시 경험해 보아야 가능한 것은 아니었습니다. 나에게 깊은 위안을 준 이 중에는 반려동물을 한 번도 키워보지 않은 사람도 있었습니다.

그들은 내가 오랫동안 소중하게 여겨온 마음을 지켜보았어요. 그러기에 그것을 잃었을 때 나의 마음이 산산이 부서졌으리라 짐작하며, 조각난 마음들을 조심스레 다루어주었습니다.

'네게 정말 소중한 것이었잖아. 그래서 많이 아팠겠구나?' 하고 시선을 맞추어 바라봐 준, 그것이 전부였습니다.

그들에게 받은 온기는 각자의 고유한 슬픔에 관한 존중이어요. 그렇기에 '나'는 겪어 보지 못해서, '나'의 경험에는 참을만해서. 혹은 '나'라면 그렇게까지 아프진 않을 것 같기에. '그렇더라도 동물이고, 사람은 아니니까.'라는 이유로 누군가의 슬픔이 재단되지 않았습니다.

어느 순간부터 너와 같은 맘이라는 말보단 너라면 그럴 수도 있을 거라는 말에 마음이 움직였어요.

한 사람의 슬픔을 이해하는 일은 그가 아끼는 것

들을 존중하는 마음과 같았습니다. 그 마음이 전해지는 순간에는 어떠한 어설픈 위로조차 오역되지 않고 따스하게 전달되었어요.

어쩌면 우리는 서로를 영원히 모두 이해할 수 없을지 몰라요. 그러나 서로를 모르기에 조심스럽게 헤아려보려는 진심 몇 가지로, 상처는 아물기 시작합니다.

잘 지내냐는 말의 무게

-

 어느 순간 '잘 지내지?'라는 연락을 받는 순간 겨우 한술 떠 보려던 숟가락을 밥상 위로 툭 하고 내려놓고만 싶은 기분이 들었어요. 그 모난 감정이 상대를 향한 것은 아니었습니다. 그냥 그 순간에, 내 기분이 그렇게 되어 버렸어요. 인사치레처럼 넘겨 들어도 될 말임에도, 유독 '잘'이라는 부분에 마음이 뾰족하게 꿰뚫리고 말았던 거예요.

 잘 지낸다는 건 어떤 상태를 말하는 걸까요? 가끔 울지만 밥도 먹고 잠도 자면 잘 지낸다고 하면 되는 걸까요. 복잡해지는 머릿속만큼 나의 대답은 점점 느려지기 시작했습니다.

　어느새 '안녕하세요?'와 '잘 지내죠?'는 뗄 수 없는 한 세트가 되었습니다. 본래 안녕에는 몸과 마음이 아무 탈 없이 편안하다는 의미가 있다고 해요. 그렇기에 '안녕하세요'는 현재에 와서는 상세한 대답을 바라지 않는 느낌표의 언어이지만, 애초에는 '당신의 요즘 몸과 마음의 상태는 어떠한가요?'라는 물음표의 언어이지 않았을까요.

　'안녕하세요'와 함께하는 안부 세트인 '잘 지내죠?'의 대답으로는 '예, 아니요' 혹은 자신의 근황을 나열할 수 있다는 점에서 열려있는 문장 같지만, 실제로는 상투적으로 사용됩니다.

　'잘 지내세요?'라는 질문을 받은 상대는 무언가에 홀린 듯이 "네 잘 지냅니다. OO 님도 잘 지내시지요?"라고 답하게 됩니다. 마치 팔구십 년대에 교복을 입었던 이들에게 "하우 아 유?"라고 말하며 "아임 파인 땡큐! 앤드 유?"가 자동 반사처럼 따라 나오듯이 말이에요.

나의 고양이가 떠난 날은 하필 설날이 낀 주였어요. 충격이 채 가기도 전 하루 이틀 만에 나는 새해 복을 기원하는 인사와 함께 잘 지내냐는 메시지를 여럿 받았습니다. 굳이 내가 등장할 필요가 없는 단체방에서는 입을 다물기도 했고 개인적으로 온 연락에는 하루 이상 늦게 답을 하기도 했어요. 좋은 의도의 연락임을 알았지만 더욱 슬퍼지는고 마는 것 또한 나의 의도가 아니었습니다.

만약 '잘 지내지요?'라는 물음에 "아니오. 어제도 그제도 울었어요. 불과 십 분 전에도요."라고 한다면, 가볍게 안부를 묻고 본론에 들어가거나 다른 할 일이 쌓여있는 사람에게 나는 정말로 눈치 없는 사람이 될지도 모를 일이었어요.

그렇다고 '네, 잘 지내요.'라는 말을 번번이 하기에는 자꾸만 나를 속이는 기분이 들었어요. 질문을 받을 때마다 나의 마음은 더욱 움츠러들었어요. 어느 날에는 이런 예민한 내가 세상에 잠시 사라졌다 돌아오는 것이 모두를 위한 일 같이 느껴졌습니다.

몇 번의 좋지 못한 경험은 한 문장에 대한 나의

이미지를 송두리째 바꾸어 버렸지만 요즘은 꽤 유연해진 편입니다. "잘 지내요?"라는 답에 '예, 아니오' 답을 하지 않고 자연스레 다른 화제를 꺼내거나, 조금 편한 사람에게는 "그 말 올해의 금기어예요. 큭큭" 하며 웃었어요. 혹은 사투리를 섞어 "그냥 삽니더. 열심히 열심히."라고도 하고, "이런저런 일들도 있어 힘들었지만 지나가고 있습니다."라고 솔직히 얘기하기도 해요.

하지만 능숙한 처세술로 누구도 민망하지 않게 "잘 지내죠. 호호, ○○씨도 잘 지내시죠?"라며 자연스럽게 서로의 가벼운 근황 토크를 발판 삼아 대화의 공통점을 끌어내는 길은, 이제 나에게 멀어져 버린 것만 같아요. 나도 성의하지 못한 나의 감정을 얼버무려 물러진 내 마음에 다른 생채기를 내고 싶지 않아져서요.

'잘 지내요?'라는 말에는 '잘'이라는 방향성이 담겨있습니다. 그래서인지 그 질문을 받을 때마다, '잘' 지낸다고 답해야 할 것만 같은 미세한 기류에 휩싸였어요. 그래서 일까요. 가벼운 안부 인사는 어느 날의 누군가에게는 유독 버거운 무게로 다가왔습니다.

그러나 모든 질문이 허공에 맴도는 말은 아니었어요. 진심을 담은 누군가의 말은 닫힌 방안에 웅크려진 내 맘을 창가로 끌어올려 주는 빛이 되어주었습니다.

나는 이제 이 말을 인사치레 쓰지 않으려 마음먹었습니다. 완벽하진 않지만 '요즘은 어떻게 지내세요? 기분은 좀 어때요?'라는 말이 조금은 더 열려있는 표현이 아닐까 떠올리면서요.

하지만 어떤 문장을 전하건 중요한 것은 마음이었어요. 살며 무수히 주고받을 인사말에 보다 온기가 담긴다면 얼마나 좋을까요?

상대에게 닿을지도 모르는 그 말의 무게를 가늠하고서 건네진다면.

슬픔의 크기를 가늠하는 건

-

 군산의 한 독립 책방의 제의로 책 「영원한 너의 집사이고 싶다」의 첫 온라인 북토크를 준비했습니다. 약속된 날짜가 다가오자 나와 닮은 마음의 사람들을 만날지도 모른다는 기대보다 몰려오는 걱정에 숨이 막힐 지경이었어요. 아, 괜히 한다고 했나 봐!

 이십 대 후반, 갑작스레 찾아온 연축성 발성 질환으로 의지대로 컨트롤이 되지 않는 목소리를 생각하면 늘 선택의 순간에 두려움이 앞섰어요. 목소리가 주는 첫인상으로 인해 타인의 눈에 자신감이 결여 된 두부 멘탈이거나 한국말을 잘하는 일본인으로 보일지도 모른다는 점보다는, 원활하지 않은 전달력으로 다른 이의 귀중한 시간을 뺏는다거나 피해를 줄 지도 모른다 점이 나에게는 큰 공포로 다가왔습니다. 이번 온라인 북토크도 딱 그런 마음이었어요. 비록 나의 이야기에 귀를 기울이러 온 사람이 한 명 뿐이라 할지라도요.

나는 트라우마가 될 기억을 만들지 않기 위해 북토크 준비에 공을 들였어요. 결국 목소리 컨디션이 나쁠 상황을 대비해 북토크의 중간, 긴 시간 에피소드를 설명하는 부분은 영상을 촬영하여 재생하기로 했지요.

조금이라도 목소리가 잘 나오는 환경을 만들기 위해 마이크와 이어폰도 몇 개를 바꿔보고 갖가지 테스트를 했어요. 또한 줌 사용법과 영상편집 방법도 익혔어요. (그 와중에 현란한 불빛이 들어오는, 귀와 머리의 절반을 덮는 게이머 이어폰을 구매하는 바람에 사이버 전사도 아니고, 이게 뭐냐고 웃다가 결국엔 펑펑 울어 버렸다는 건 비밀.)

북토크 당일이었어요. 참여 인원은 소박했지만 그러기에 서로의 이야기를 짤막하게나마 주고받을 수 있는 시간이었습니다. 참여자 중엔 무지개다리 너머로 고양이를 보낸 경험이 있는 집사님과, SNS를 통해 알게 된 아직은 어린 고양이의 집사님도 계셨어요. 감사하게도 대부분 나의 이야기에 귀를 기울여 주셨지요.

아끼던 고양이를 떠나보낸 적이 있는 분들이 중간중간 눈물을 닦는 모습이 작은 화면을 통해 전해졌습니다. 나도 몇 번이나 눈물을 참으려 했지만 결국엔 두 번의 위기가 왔어요. 한 번은 꿈과 관련된 책 속 에피소드와 연관된 어느 집사님의 질문이었습니다. 그녀는 헤어진 고양이를 꿈에서라도 보고 싶지만 마음처럼 만날 수 없다고 했어요. 평소에 꿈을 많이 꾸는 나에게는 앵오가 자주 찾아오는지 물어보았는데, 나는 대답을 하려다가 그만 오열을 하고 말았습니다.

다른 한 번은 어느 집사님이 용기를 내서 자신의

이야기를 들려준 덕분이었어요. 그녀는 보호소에 있던 새끼 고양이와 가족이 되었다고 했습니다. 그러나 함께한 시간이 두어 달이 채 되지 않아 아이는 갑작스럽게 무지개다리를 건너고 말았습니다. 그 소식을 전하던 그녀는 힘겹게 말을 이어 나갔습니다. 비록 우리는 화면을 통해 얼굴을 마주했지만 흔들리는 감정은 고스란히 전해져 왔어요.

그녀는 나와 앵오는 19년을 함께 한 사이이지만, 그에 비하면 자신과 고양이가 나눈 시간은 턱없이 짧을 뿐이라고 했어요. 그럼에도 시간이 지나도 슬픔이 가벼워지지 않기에, 혹시 내가 어떤 이야기를 해 줄 수 있을지를 물어왔습니다.

나는 상상해 보았어요. 그녀가 새끼 고양이의 존재를 알게 된 순간부터 여린 얼굴이 얼마나 눈앞에 아른거렸을지, 당장에라도 안아주고 싶은 마음과 무거운 책임감 사이에서 얼마나 긴 고민을 했을지.

그렇게 작은 솜뭉치와 가족이 되던 날, 아이가 자라 온 집안을 우당탕탕 뛰어노는 모습을 상상했겠지요. 앞으로 많은 날을 서로의 온기를 나누며 잠 드리라 의심하지 않으면서요.

미처 반의반도 전하지 못하고 준비 없이 보낸 사랑을 나는 짐작만 해볼 뿐이었어요. 경험해 보지 못한 슬픔 앞에 내가 할 수 있는 이야기는 하나였습니다.

슬픔의 무게는 다른 누구와 비교할 수 없는 거예요. 타인의 것, 타인의 이야기보다 내가 느끼는 슬픔이 맞는 것이에요.

*

나는 슬픔마저 비교의 대상이 되지 않기를 바랍니다. 슬퍼하는 이가 나의 절망이 세상의 다른 것들에 비해 작은 것이 아닐까 움츠러들지 않으면 좋겠어요. 그건 스스로를 더욱 아프게 할 뿐이니까요.

세상에는 슬픔의 무게를 예측하는 대략적인 기준들이 있는 것 같았어요. 심지어 죽음까지도 말이 조. 가령 사람들은 제대로 꽃 피우지 못한 16세 청년의 죽음보다는 80대 노인의 죽음을 덜 안타까워할지도 몰라요. 반려동물의 죽음 또한 바쁜 하루를 보내는 사람들 속에서는 유난스러운 슬픔으로 치부되기도 하지요.

평소에는 의식하지 않더라도 사람들은 어떠한 상황에서는 자신도 모르게 자신의, 혹은 타인의 슬픔을 가늠하곤 합니다. 나에게도 갑작스럽게 들려온 비교의 말이 상처로 남은 기억이 있습니다. 그러나 죽음은, 슬픔은, 떠안은 자와 남겨진 자들의 이야기예요.

너의 아픔이 다른 누구의 것보다 가벼울지도 모른다는 것이 누군가 슬퍼할 자격이 없는 이유가 될 수 있다면, 아마 세상 어디에도 위로받을만한 사람은 없을지도 모릅니다.

슬픔은 보이지 않는 곳까지 잘게 뿌리내려 있어요. 끝날 듯 아닐 듯 이어지며 차갑고 깊은 곳을 향해 갈래갈래 뻗어가고야 마는 특성을 지닌 채로. 그러니 겉만을 힐끗 보고 지나치는 이에게는 그 아래의 세상은 영영 알 수 없는 것이예요 .

나는 누군가의 아픔이 가벼이 여겨지지 않길 바랍니다. 많은 고유하고 다양한 슬픔이 존중받는 세상이길 바라요. 나의 첫 북토크는 소박하고 훌쩍이는 시간이었지만, 슬픔을 나누며 서로의 이야기를 가만히 듣는 것만으로도 나와 타인이 연결될 수 있다는 가능성을 알려주었습니다.

책을 만들며 모두에게 사랑받는 이야기를 하는 나를 꿈꾸지 않았습니다. 반려동물과 살아가는 사람들도 모두 나와 같은 마음이 아닐 수 있음을 알며, 나 또한 이런 류의 마음을 가지리라 짐작하지 못한 날이 있었으니까요.

그렇지만 어딘가는 존재할 나와 딮은 슬픔을 가진 사람들에게 우리의 이야기가 닿기를 꿈꾸었습니다. 그렇게 서로가 서로에게 위로가 되어주는 순간을 상상했어요.

오직 그것만이, 무리 지어 살지만 자기만의 정원을 가꾸어가는 사람들이 외롭지 않을 방법이지 않을까. 생각하면서요.

우리는 슬픔이 가기를 원하지 않는다

"당신이 느끼는 감정들은 정상이에요. 당신은 어떠한 것에도 갇혀 있지 않아요. 당신은 우울하지도 않아요. 제대로 슬퍼하지 못한 것도 아니에요. 무척 사랑했기 때문에 슬픈 겁니다. … 우리는 그 그리움이 끝나길 바라지 않잖아요."

「제대로 슬퍼할 권리」 패트릭 오말리

패트릭 오말리는 심리치료사로서 활동하며 상실을 경험한 이들과 나눈 대화를 책 속에 담았다. 그 또한 생후 1년이 채 되지 않은 아이를 잃은 슬품을 가진 사람이었다. 그를 찾는 이들의 대부분은 소중한 존재의 상실 이후 오래도록 슬픔에서 빠져나오지 못한 채였고, 그들은 그런 자신이 비정상적이라고 생각했다. 위의 대화는 그와 닮은 이별을 경험한 어머니와 저자의 이야기이다.

마지막 문장에 오래도록 시선이 머물렀다. 온몸을 웅크린 채 돌아누운 마음이 슬며시 고개를 들어 힐끔 바라보는 것 같았다.

종종 슬픔은 벗어나야만 하는 대상이나 불행의 증거로 여겨진다. 그래서 슬픔의 주체는 스스로에게도, 주변에서도 슬픔 이전의 상태로 되돌아가기를 격려 받는다.

그러나 어쩌면, 우리는 슬픔에서 벗어나려 발버둥 치면서도 슬픔이 지나가기를 원하지 않는지도 몰랐다. 사랑했기에 기억하고, 기억하기에 그립고, 그리워하고 나면 슬퍼지는 건 해가 뜨고 지듯 자연스러운 것이니까. 우리는 그리워 하는 존재를 잊어버리고 싶지 않기에.

나는 슬픔의 중압감에 눌리다가도 기분이 나아

지면 그런 내가 실망스러웠다. 요동하고 말 감정이 두려워 나의 고양이의 흔적이 머릿속에 들어오기도 전에 질끈 피한 적도 있지만, 나의 진심은 머리털이 대부분 하얘지는 날까지도 함께한 자잘한 하루와 주고받은 마음들을 기억하고 싶은 것이었다.

이 모순되는 마음을 인정할 때, 지나치게 분석하지 않고 억지스럽게 바꾸려 들지 않을 때 슬픔은 자연스러운 것이 되었다.

나는 자주 축축해질 것이며 그리움은 계속될 거다. 그리움은 사랑하는 존재를 기억하는 유일한 방법이므로. 그렇다면 나는 슬픔에 매몰되어 무기력해지지 않아도 된다. 맛있는 음식을 먹고 재미있는 이야기를 하며 맘껏 웃는 것에 죄책감을 느끼지 않아도 된다.

하루를 보내다 슬며시 눈시울이 붉어지면 평소에는 마음의 준비가 필요했던 사진을 조심스레 꺼내보며 함께한 하루를 떠올린다. 눈물이 나오면 실컷 울어버리면 된다. 몰래 쌓아둔 말들도 마음속으로 전해 본다. 그렇게 그리움을 어딘가로 실어 보내고 나면, 나는 다시 일상을 살아가면 되는 것이라고.

마지막으로 책 속의 대화를 하나 옮긴다.

내담자들은 질문하곤 한다.
"얼마나 오래 슬퍼하게 될까요?"
나는 되묻는다.
"얼마나 많이 사랑하셨나요?"

5장

그리움은
계속되고

계절의 기억

-

 원을 기다리며 아파트 단지 내의 나무 벤치에 앉았다. 그렇게 화창하진 않은 하늘, 길마다 총총 서 있는 나무들 사이로 아주머니 한 분이 산책을 하고 있다. 건너편 가로수로 눈길을 돌렸다. 나의 몸통보다 큰 나무의 몸을 아래에서부터 찬찬히 훑어 올라가니 하늘이 보일 때쯤 나무의 결을 뚫고 흰 봉우리들이 빼꼼히 돋아나 있는 게 보였다. 봄을 상징하는 꽃이었다.
 이대로라면 머지않아 만개할 기세였기에, 그새 봄이 오려나 보다고 생각했다. 그런데 갑자기 눈물이 왈칵 날 것 같았다. 예상치 못한 전개였다. 눈물을 욱여넣자 곧 원이 나타났다. 그러고는 골목을 함께 걷기 시작했다.

　나는 근래에 집 밖을 잘 나가지 않았다. 그나마 슈퍼에 갈 일이 생겨도 사려던 물건만 사고 돌아서느라 유심히 가로수를 살피지 못했다. 동네를 천천히 걷는 건 오랜만의 일이었다.
　원래 이 얘기 저 얘기를 쫑알거리며 걷는 나인데 조금 전 욱여넣은 싱숭생숭 함에 작은 한숨이 새어 나왔다. "왜 한숨을 쉬어?" 원이 물었다. 원래 울음을 겨우 참고 있는 사람에게 울지 말라고 하거나, 혹시 우는 것이냐고 물어보면 더욱 눈물이 나는 법이었다. 나는 그 말에 눈물샘이 터지고 말았다.
　"아까 앉아서 널 기다리는데, 벚꽃이 피려고 하는 걸 보니까 앵오가 생각나는 거야."
　하고 마스크 사이로 흘러내리는 것들을 닦는데 문득 이런 생각이 스쳤다. 그런데, 앵오랑 벚꽃은 아무 연관이 없지 않나? 나 왜 우니?

겁 많은 앵오는 여느 강아지들처럼 산책을 할 수도 없었다. 그러니 우리 사이에는 벚꽃 하면 떠오를만한 아련한 추억이 있는 것도 아니었다. 그래서 하얀 꽃이 휘날리는 계절의 풍경과 검 갈색 털을 지닌 앵오의 모습은 더욱 연관이 없어 보였다. 마침 그 생각을 하고 있는데 원이 조심스레 얘기했다.

"그런데… 앵오랑 벚꽃은 관계없는 거 아니야?"

눈물 몇 방울 사이로 시답잖은 웃음이 터졌다.

"나도 알고 있어. 나도 마침 그 생각을 했는데! 앵오랑 벚꽃이랑 아무 에피소드가 없지. 밖에 나가는 것조차 싫어했으니까."

"그런데 왜 우냐!"

싱거운 웃음 포인트를 발견한 우리는 눈을 마주치며 웃었다.

"그냥, 앵오 없이도 계절이 바뀌는구나 싶어 눈물이 난 거 같아."

"그렇지, 계절은 계속 바뀌지…"

그렇게 우리는 한참을 말없이 걸었다.

원은 세심한 언어로 내 맘을 위로할 줄은 모르지만, 앵오를 보내고 처음 만난 나를 길거리에서 아무 말 없이 두 팔 벌려 안아주고, 앵오의 흔적을 묻은 나무를 함께 보러 걸어가 주었다. 그게 원만의 방식이었다.

아, 앵오와 함께한 계절의 기억이 떠올랐다. 나의 고양이는 나와 다르게 더위를 많이 탔다. 봄의 끝에 머무르는 온도에 나는 미처 더위를 느끼지도 못할 때마저도, 앵오는 베란다로 나가 서늘한 타일 조각 위로 몸을 눕혔다. 열여덟 해의 여름을 살아오며 빨래 널이의 금속 부분에 머리를 기대면 더욱 시원하다는 것도 일찍이 터득했다. 그러니 늦가을서부터 초여름 직전까지도 전기매트를 켜고 뜨끈하게 잠드는 내가 많이도 갑갑했을 것이다. 그러나 추위를 타는 집사에게 차마 뭐라 말은 못 한 채, 내 옆 꼭 붙어 잠들다 열기가 오를 때면 홀로 서늘한 구석을 찾아 눈을 붙이곤 했다.

우리의 어린 시절의 추억이 있는 집의 내 방에는 삼익 피아노 뒤로 커다란 창문이 하나 있었다.

방충망을 치고 창문을 열면 선선한 바람이 들어오는 피아노 위의 창가는 앵오의 단골 낮잠 자리였다. 동네 아이들의 웃음소리가 들려오는 그곳에서, 내가 피아노를 치거나 벌러덩 누워 책을 읽는 동안 나의 고양이가 만개한 벚나무를 눈여겨봤을지도 모를 일이었다.

그렇게 몇 평 안 되는 방이 우리가 나누는 세계의 전부였지만 우리는 계절의 변화를 여실히 느끼며 시절을 통과해 온 것이다.

결국 내가 벚꽃을 보고 눈물이 난 것은, 우연한 게 아니란 말씀.

P.s 이 글을 쓸 적은 봄이었고, 다시 돌아와 가을의 일을 기록한다.

어느 가을날 택배 상자 몇 개를 안아 들고 집을 나섰다. 조금 두꺼워진 외투가 그즈음 내가 느끼는 계절의 전부였다. 나는 길 건너편의 우체국에 가기 위해 오래된 육교에 올랐다. 바로 이 계단에서 다리를 다친 적이 있기에, 나는 육교를 이용할 때마다 발끝에 온 신경을 기울였다.

그간의 운동 부족으로 정상에 올라 고르지 못한 숨을 들썩이며 고개를 드는 순간, 건너편 길목에 자리 잡은 온갖 선명한 붉은색이 나에게 쏟아져 내렸다.

내가 직면한 첫 가을 단풍이었다. 그런데 또 눈물이 났다. 벚꽃을 봤을 때와 비슷한 증상 같았다. 그리운 얼굴들이 떠올랐다. 청승맞은 이 순간에 아무도 지켜보는 이가 없다는 것만큼은 다행인 일이었다.

그래도 올해 겨울 부산엔 눈이 내리지 않을 것 같은데. 그렇다면 올겨울은 갑작스러운 눈물 바람을 넘길 수 있을지도 몰라. 나는 한쪽 소매 끝으로 눈물을 닦으며 조심스레 육교를 걸어 내려갔다.

존재 덩어리로

-

#1

 나의 어린 시절에는 길거리에서 가끔 병아리, 강아지, 새끼 고양이 같은 어린 동물을 사고팔았다. 따뜻한 봄, 하굣길 교문 근처에 아이들이 북적북적 모인 틈을 파고들면 할머니들이 자리를 잡고 앉아 노란 병아리들을 팔고 있었다. 커다란 상자 안의 수십 마리의 병아리들은 정신없이 삐악삐악거리며 단돈 500원에 어느 아이의 손에 쥐어져 갈 날만을 기다렸다. 간혹 보이는 보라색, 초록색, 분홍색으로 염색된 병아리는 200원이나 더 비쌌다.

어느 날 아이들 사이로 소문이 돌았다. 색색의 병아리들은 정성껏 염색되는 것이 아니라, 그대로 염색약에 푹 담갔다 꺼낸 뒤 살아남은 아이들만 팔려 오기에 노란 병아리보다 금방 죽고 만다고.

지금은 볼 수 없지만 큰 시장이 열리는 곳에는 빠짐없이 한두 명의 할머니가 눈뜬 지 얼마 안 돼 보이는 배가 통통하고 팔다리가 짧은 아기 강아지와, 얼룩덜룩하고 마른 새끼 고양이들을 큰 바구니에 여럿 몰아놓고 팔았다.

용변을 볼 곳도 없이 좁은 상자 안에 끼여 끙끙거리던 아기동물들의 울음소리. 지금은 그것이 배고픔과 두려움의 표현이었단 걸 짐작할 수 있지만, 어릴 적엔 그저 귀여워 한참을 쭈그려 앉아 구경만 했다.

내가 15살 때, 엄마와 나는 털이 풍성한 하얀 고양이를 키우고 싶다고 생각했다. 우리는 종종 가볍게 그런 이야기를 주고받으며 그날을 상상했다. 어느 날 엄마는 남포동 시장을 갔다 우연히 어린 동물을 파는 할머니의 바구니에 홀로 남아있는 까마죽죽하고 깡마른 새끼 고양이 한 마리를 보았다. 구경을 하는 엄마에게 할머니는 "고양이 그냥 가져가슈."라고 쿨하게 얘기했다고 한다. 원래는 한 마리에 오천 원이지만. 그렇게 도무지 팔릴 것 같지 않게 생겼던 고양이는 "차비는 하셔야죠." 하며 노란 지폐 한 장을 할머니의 손에 쥐어드린 엄마의 갑작스러운 결심으로 우리 집으로 들어오게 되었다.

방금 막 학교를 다녀온 나에게 엄마는 대뜸 방으로 가보라고 했다. 엄마의 얼굴에서 뭔가 나의 반응을 기대하는 표정을 읽었기에 살짝 설레는 마음이 들었다. 방문을 열자 새끼 고양이 한 마리가 있었다.

"우와! 고양이다!" 그러나 놀람 이후의 나의 감정은, 앵오가 안다면 섭섭해할지도 모르겠지만 약간은 실망스러운 감정이었다. '그런데 얘 뭐야, 좀 못생겼잖아?' 그 아이는 나의 상상 속 하얀 고양이와 다르게 얼룩덜룩한 무늬에 거뭇한 털옷을 입었고, 제대로 못 먹었는지 작고 앙상해서 유독 눈만 불룩 튀어나와 보였다. 거기다 다른 고양이들 사이에서 밟히기라도 했는지 꼬리 끝은 살짝 구부러진 채 굳어 있었다. 나중에서야 엄마에게 사연을 전해 들으며 할머니가 왜 그냥 가져가라고 권했는지 이해가 되고 마는 기분이었다.

앵오에 대한 나의 첫인상은 이러했지만 속으로 삼키기로 했다. '그래도 우리 집에 고양이가 생기는 게 어디야.' 라고 생각하며. 심지어 그 고양이는 겁이 많아 며칠간 소파 아래와 커튼 구석으로 숨어 나오질 않았다. 그래도 먹을 것을 놔두면 우리가 안 보는 틈을 타 먹어 치웠고, 넓은 바가지에 모래를 부어놓으니 영특하게도 그곳이 화장실임을 대번에 알아차렸다.

유튜브와 초록 창이 발달하지 않았던 그 시절, 당시 유일하게 고양이의 정보를 구할 수 있었던 노란색 포털사이트의 고양이 카페에는 "우리 집에 새끼 고양이를 데려왔는데 숨어서 나오질 않아요. 어떡하죠?" 하고 올린 글이 아직 남아있다.

그러던 어느 날, 책상에 앉아 있다 뒤를 돌아보니 문지방 위에서 새끼 고양이가 나를 쳐다보고 있었다. 그러나 가까이 다가올 생각은 없어 보였다. 곧이어 내가 다른 방으로 이동하니 따라오지 않았다. 그러다 한참을 지나 고개를 들어보니 기척도 없이 찾아와 나를 지켜보고 있었다. 한동안 우리 사이에는 일정한 거리가 존재했다.

시간이 흐르고, 이제 새끼 고양이는 대놓고 나를 따라다니기 시작했다. 내가 방에서 피아노를 치던, 거실에서 티브이를 보던, 책을 읽건 고양이는 늘 나의 가장 가까운 곳에 머무르게 되었다.

머지않아 우리는 밤이면 같이 눈을 감고 아침이면 함께 눈을 떴다. 그 못난 고양이는 어느새 가장 사랑스럽고 어여쁜, 유일무이한 나의 고양이가 되었다.

영원히 벗겨지지 않을 사랑의 콩깍지가 장착되는 순간이었다.

#2

학창 시절, 나는 철없게도 공부보다는 친구들과 장난을 치는 것이 더 재미있었다. 나처럼 이때의 앵오도 장난꾸러기였다. 틈만 나면 가구를 긁어대는 바람에 검은 인조가죽 소파는 손님에게 앉기를 권하기 민망할 정도로 너덜너덜해져 있었다.

앵오는 어린 고양이의 차오르는 호기심과 사냥 본능으로 빠르게 움직이는 거의 모든 것들을 사냥의 표적으로 삼았다. 그 바람에 내 손은 늘 상처로 가득했다. 한 번은 움직이는 나의 검은 눈동자를 잡으려는 바람에 간발에 차이로 얼굴을 돌린 적도 있었다.

그러다가도 겁은 얼마나 많은지, 낯선 사람이 집에 오면 자기 몸보다 몇 배가 높은 옷장 위나 책장 꼭대기로 우당탕하며 뛰어 올라가 숨기 바빴다. 앵오는 겁쟁이답지 않게 풍채가 좋았다. 뼈대가 길고 튼튼해 몸을 쭉 편다면 나의 허리까지 닿일만큼 길었다. 우리 집에 놀러 온 친구들은 그런 앵오를 보고는 한 마디씩 했다.

"너희 앵오, 사실 고양이가 아니고 살쾡이 아닐까?"

스무 살이 되었다. 친구들의 소개를 받아 남자 친구를 만들었다. 그때부터 백일의 저주가 시작됐다. 그들이 먼저 좋다고 할 땐 언제고, 이상하게 이 시기를 넘기지 못하고 남자 친구들은 나에게 이별 선언을 했다. 돌이켜 생각해 보면 그다지 절절한 사랑도 아니었다. 나는 그들하고 왠지 모르게 어색했고, 깊은 대화를 나누지도 못한 채였다.

그렇다 해도 매일 연락을 주고받던 사람의 일방적인 이별 통보는 마음 아픈 것이었다. 나는 그럴 때마다 집으로 돌아와 앵오를 안고 울며 친구들에게 전화를 걸었다. "역시 변하지 않는 수깃은 앵오뿐이야…흑…"

이십 대 중후반이 되었다. 엉덩이를 붙여가며 준비한 공무원 시험도 떨어져 보고, 직장생활도 하며 뒤늦게 나의 적성과 일을 고민하는 시기였다. 앵오는 조금 유순해졌다. 자신의 낮잠 장소인 고양이 집을 향한 소유욕에 청소조차 못 하도록 길

길이 날뛰던 시기가 있었지만 이제 더는 화를 내지 않았다.

하지만 이상한 분야에서 고집이 세졌는데, 그중 하나는 하루를 마감하는 잠들 시간엔 꼭 '나'와 함께 '내 방'으로 가서 잠들어야 하는 것이었다. 앵오가 나를 봐주는 최대치의 시간은 밤 12시 30분 이었다. 그쯤이면 늘 함께 잠드는 방으로 갈 때까지 나를 쫓아다니면서 울었다.

"앵오야~먼저 가서 자고 있어. 금방 갈게."

"앵! 앵! (지금, 지금, 당장 같이 가자옹!)"

그럴 때면 나는 어이가 없어 소리쳤다.

"그럼 내가 볼일 볼 동안 내 옆에서 자고 있으면 되잖아!"

"앵! 앵! (싫어! 너무 늦었다옹. 같이 방으로 자러 가자옹.)"

늦은 시각의 울음소리가 이웃에게 피해가 될까 봐, 또한 당당하고 반짝이는 눈빛에 넘어가버린 나는 늘 앵오에게 지고 말았다.

"그래 지금 자러 가자! 으이구!"

그러면 앵오는 만족스러운 승자의 몸짓으로 방

을 향해 후다닥 뛰어가며 앞장을 서곤 했다.

　서른이 되었다. 나는 이즈음부터 간절히 노력하고 원해도 이루어지지 않은 일들이 있다는 걸 눈치채기 시작했다. 서른이 되면 무언가 자리 잡은 나를 상상했지만 여전히 나는 물음표였다. 심지어 아무리 원하고 바래도 앵오는 점점 나이 들고 야위어져 갔다.

　적지 않은 나이의 앵오는 점점 감성이 풍부해진 듯했다. 원래는 오래도록 안는 것이나 몸을 치대는 것을 좋아하지 않았지만 오히려 즐기는 기색도 보이며 자주 만족스러운 골골골 송을 들려주었다.

　이제는 굳이 이름을 부르지 않아노, 때로 나와 눈만 마주쳐도 눈빛이 흔들리며 절절한 목소리로 나에게로 뛰어왔다. 마치 오랫동안 떨어져 지낸 아끼는 이를 상봉하듯이. 오늘 아침부터 줄곧 같이 있었는데도 말이다. 아마 내가 무심코 앵오를 바라보다 차오르는 감정을 주체할 수 없어 그만 "앵오야~!" 하고 이름을 부르며 달려가 뽀뽀를 퍼붓는, 그런 마음과 닮아있는 것 같았다.

그렇게 우리는 종종 서로를 사랑스러워 견딜 수 없어했다.

우리는 시간을 따라 조금씩 변화했다. 내가 학교를 졸업하고 때론 직장인이었다가 백수가 되는 동안 앵오는 주먹만 한 아기 고양이에서 흰털이 송송 돋고 눈꺼풀이 내려온 노묘가 되었다. 그러나 방 안에서 서로의 온기를 주고받을 적에는 그 모든 것은 중요하지 않은 사실이 되었다. 우리는 오직 존재 덩어리만으로 서로에게 환영받았기에.

사람과 사람 간의 거리가 가까워질 때면 상처를 주고받기 쉬었다. 사랑하는 사람들 간에도, 심지어 서로를 위한다는 이유로 상대방을 아프게 하는 말과 행동을 주고받았다. 그러나 우리 사이에는 그런 것이 없었다. 고양이들은 '지금 여기의 나' 이외에, 어떠한 모습도 바라지 않았기에. 나도 그들에게 무언갈 기대하지 않았다. 서로의 곁에 가만히 있기만 하여도 충분하고 충만해서.

나의 방에 꼭꼭 숨겨둔 보물상자. 분홍빛 작은 코에 입을 맞추면 비밀 상자가 딸깍 열리며 그리운 멜로디가 흘러나온다. 그렇게 나는 종종 세상에 가려진 것만 같은 기분이 드는 날이면 간단한 둘만의 암호만으로도 우리가 처음 만난 시절의 나로 돌아갈 수 있었다.

삼십 대 초반이 되었다. 19년은 어느새 꿈처럼 빠르게 흘러가 단잠에 빠진 나를 흔들어 깨웠다. 누군가는 우리가 가장 아름다운 시절을 함께한 사이라고 했고, 누군가는 소중한 것을 잃는 건 그것을 사랑한 시절을 잃는 것과 같다고 했다.

요즘의 나는 찬 바람이 부는 날 맨몸으로 덩그러니 쫓겨 나온 사람 같다고 생각했다. 마치 하루아침에 세상이 나에게, 이제 너는 정말 어른이 되어야 한다고 등을 떠미는 것만 같다.

꿈에서 만나

-

갑자기 몰려온 낯선 손님들로 집안이 북적였다. 15명쯤 되는 그들은 비좁은 거실 소파 주변에 모여 앉아 티브이를 보기 시작했고, 나는 나갈 마음이라곤 전혀 없는 그들이 영 불편한 상태였다.

이런 이상한 꿈을 꾸면서도 나는 낯선 사람들의 방문에 스트레스를 받을 고양이들을 신경 쓰고 있었다. 그래서 틈틈이 방안에 고양이들이 잘 있는지를 확인하다가도, 누군가 방 안으로 들어가려면 예민한 고양이들이 있다며 문 앞을 막아 세웠다.

그러다 닫혀있던 방문이 스르륵 열렸다. 방안에

사람이 없다는 걸 확인한 후였기에 당황스러웠다. 열린 문 사이로 검 갈색 털에 흰 장갑을 낀 발 하나가 문틈으로 삐져나왔다. 앵오였다. 그러나 몇 발자국을 채 떼지 못한 채 툭- 하며 작은 몸이 바닥으로 기울어지더니 발작이 시작됐다.

나는 소리 질렀다. "엄마! 앵오가 이상해!" 그런데 문득 이 끔찍한 상황이 낯설지 않았다. 꿈속 엄마가 우리 앞으로 뛰어왔다. 기시감과 혼란함이 나를 덮쳐오는 와중에 나는 쓰러진 앵오를 붙잡고 물었다.

"엄마, 그런데 앵오가 이미 죽었던 것 같은데…아닌가?"

그러나 이런 고민이 중요하지 않다는 판단을 내리기에는 몇 초도 채 걸리지 않았다. 그게 뭐가 중요해. 꿈이면 어떻고 이미 죽었다 해도 어때. 내 눈앞에 내 고양이가 죽어가는데. 나는 이 아이를 살려야만 해.

어릴 적의 나는 겁이 많았고 특별히 귀신을 무서워하는 아이였다. 내가 초등학생이었을 때쯤엔 하필 무서운 사건을 재연하는 공포 극장 같은 프로그램이 인기를 끌었다. 매년 여름이면 올해의 구미호를 맡은 여배우는 누구일까 하는 시청자들의 기대 속에 구미호 전이 방영되었다.

나는 티브이를 보는 가족들 틈에서 귀신이 나올 것만 같은 장면마다 눈을 질끈 감았다 뜨며 마지막까지 자리를 지켰다. 공포 극장을 몇 번만 보더라도 그 순간을 짐작하는 건 어렵지 않았다. 그러다 눈을 감거나 뜨는 타이밍을 잘못 맞추어 결국 귀신을 보았을 때는 분장한 배우임을 알고 있었음에도 온몸에 소름이 끼쳤다. 그렇게 마주친 티브이 속 존재들은 하나같이 긴 머리를 풀어 헤치고 서늘한 표정을 짓고 있었기 때문이다.

그들이 산 사람이 아니라는 걸 알려 주는 또 하나의 큰 특징은 어둠 속에서도 주변을 비추는 시퍼런 조명이었다. 그것은 그들을 더욱 한스럽고 기이하게 만들었다. 어릴 적부터 세뇌된 장면들 때문인지, 나는 오랫동안 이승을 건너간 존재들을 떠올릴 때면 주변의 공기가 차가워지는 것 같은 느낌에 사로잡혔다.

꿈에서 만난 나의 고양이를 떠올려 본다. 이미 앵오가 죽었다는 사실을 자각할 때도 있지만 전혀 무섭지 않았다. 그 이유가 꿈이어서만은 아니었다. 아마 현실에서 떠나간 사랑하는 이들을 만나게 되더라도, 나는 무서움보다는 '드디어 드라마에서나 보던 기적이 내게도 일어났구나!' 하며 하늘에 감사 인사를 올릴 것만 같다.

하지만 허구를 바탕으로 한 작품들 속에서조차 죽음에서 돌아온 자의 기적은 영원하지 않다. 그들은 결국 원래의 자리로 돌아가야 하니까. 사실 그런 기적이 몇 시간이, 하루가, 며칠이 나에게 주어지더라도, 앵오와 나는 특별히 할 것이 없다. 예전처럼 신선한 물과 좋아하는 먹거리를 주고, 종일 안고 누워 있을 수밖에.

나의 고양이를 보자마자 이것이 너무 그리운 만남이라는 걸 알아차리는 꿈도 있다. 앵오는 대부분 갑작스레 나타났다. 화장실 문을 열었을 때, 베란다로 들어갔을 때, 우리가 함께 잠드는 이불 위에. 늘 그리워하던 검은 고리가 있는 꼬리, 순수한 눈으로 나를 맞이한다.

  앵오가 떠난 지 얼마 지나지 않아 꿈에 나타났다. 나는 놀라 소리 질렀다.

"엄마! 앵오가 왔어! 어서 와봐! 빨리!"

  꿈속의 엄마가 내 방으로 왔지만 시큰둥한 반응이 이어졌다. 얼마나 앵오를 좋아하는 엄마인데. 나처럼 발을 동동 구르며 기뻐할 반응을 기대하다 의아한 마음에 앵오의 엉덩이를 한 손으로 팡팡 두드리며 채근했다.

"엄마 우리 앵오가 다시 돌아왔다니까? 안 보여?"

  그러자 엄마의 놀라운 대답이 돌아왔다.

"응? 뭐라고? 허공에서 네 손만 혼자 움직이고 있는데?"

  나는 더 이상 설명하지 않았다. 내 눈에만 이라도 보이는 게 어디야. 이렇게 촉감도 냄새도 그대로인걸. 항상 물을 먹던 장소를 뱅뱅 돌길래 시원하고 신선한 물로 갈아주고는 다시 앵오를 안고 이불 위에 누웠다. 계속 바라보고 안아주었다. 하지만 곧 의지와 상관없이 다른 꿈으로 바뀌어 버렸다.

 이제는 제법 요령이 생겼다. 꿈에 앵오가 나타나면 무작정 바닥에 엎드려 눕는다. 어깨를 동그랗게 머리 위로 말아 올려 품 안으로 앵오를 꼭 안는다. 부드러운 흰 목덜미에 얼굴을 묻는다. 입을 맞추고 숨을 들이마신다. 내가 좋아하는 달달한 냄새가 난다.
 "앵오야 너무 보고 싶었어."
 나는 무언가에 쫓기듯 털 속에 얼굴 파묻기- 들숨에 냄새 맡으며 뽀뽀하기- 날숨에 고개 들어 얼굴 바라보기만을 빠르게 반복한다. 오직 그것만 반복한다.
 다른 걸 생각할 정신도 없지만 그 순간의 나는 어렴풋이 알고 있다. 이 순간이 언제 사라질지, 언제 다시 올지 모른다는 걸. 몇 초 만에 나는 다른 공간에서 서 있을 수도, 꿈에서 벗어나 눈을 뜰 수도 있다. 우리에겐 시간이 없어. 최대한 너를 가득 느끼는 방법은 이거야.

오늘도 꿈속에서 앵오를 만났다. 이번엔 우리의 방이었다. 몇 번밖에 안아주지 못했는데, 너무 보고 싶었다는 말밖에 못 했는데 어느새 스르륵 꿈에서 깨고 말았다.

눈을 떠보니 아침이었다. 손을 뻗어 머리맡에 놓여있는 부드러운 티슈를 집어 들었다. 코를 팽-하고 푼 후 한참 동안 눈가에 흐르는 짭조름한 것들을 닦았다. 젖은 티슈 몇 장이 구겨졌을 때쯤 내 옆에 꼭 붙어 잠든 아깽이가 눈에 들어왔다.

"아깽아 아침밥 먹자!"

노오란 아깽이가 신이 나 밥그릇 앞으로 쪼르르 달려가 앉는다.

나의 자랑

-

 서른이 넘는 나에게 당당히 자랑할 만한 것이 있다면 바로 고양이들이었습니다. 나는 안정적인 소득이 없었고, 자주 비실거렸어요. 나는 자랑힐 만한 것이 못 되는 나의 이야기를 드러내는 것에 거리낌이 없는 편이었지만, 나이가 많아지면서 나를 설명하기에 어려운 순간들이 늘어만 갔습니다.
 나름의 방식대로 질문에 대한 답을 찾아가던 중 한동안 나의 소개가 필요한 자리에서 발성 질환으로 마음대로 나오지 않는 목소리를 짜내며 이런저런 일을 한다고 말하고 다녔습니다. 그 이야기를 하며 명함을 전달할 땐 가끔 왠지 모를 주눅이 들었어요.

우리 팀은 감각적이었지만 정직한 사람들이었습니다. 그래서 해보지 않은 일에 확신을 담거나 비전을 포장하는 일에 왠지 모를 죄책감이 들었어요. 수익이 일정하지 못하기에, 경험이 부족하기에, 아직 해보지 않은 일이기에. 우리의 최선을 약속할 수는 있어도 최고라는 말은 쉽게 떨어지지 않았습니다.

그런 내가 초면에도 기쁘게 이야기를 할 때가 있었습니다. 바로 반려동물에 관한 대화를 할 때였지요. 요즘은 고양이라는 생명체에 호의를 가진 사람들이 많았습니다.

"우리 집에도 고양이가 있어요."라고 하면, 심지어 두 마리나 있다고 하면, 사람들은 한층 더 반짝이는 눈빛을 보냈습니다. 그렇게 고양이의 집사를 만나면 한결 친근한 마음으로 이런저런 얘기를 나누었고, 고양이가 없는 사람들은 "나만 없어. 고양이" 라며 투덜거리기 시작했지요.

그 뿌듯함의 하이라이트는 단연 앵오였습니다. 앵오가 17살, 18살이나 되었다고 얘기하면 사람들의 눈이 동그래졌습니다. 그렇게 오래 산 고양이는 여태 주변에서 보지 못했다고 했지요.

나는 예전보다 살이 빠졌지만 아직도 거뜬히 소파 위도 올라가고 뜨끈한 맛동산을 생산하는, 나와 눈을 마주치면 동공이 커지며 "아아앙"하며 애틋하게 나를 향해 뛰어오는, 음식 쓰레기라도 버리러 나갔다 오면 오늘은 집에 쭉 있는 게 아니었냐며 현관 앞에 마중 나와 성질을 부리는 나의 고양이를 자랑했습니다.

나는 팔불출 집사였습니다. 상대가 요청하지 않았지만 먼저 앵오의 사진을 불쑥 보여주기도 했으니까요. 사람들은 그런 내 마음을 읽었는지 나의 고양이가 나이에 비해 동안이고 건강해 보이며, 많은 사랑을 받으며 자란 것 같다고 말해주었습니다.

그럴 때면 내심 우리가 함께할 날들이 더 많이 남아있을지 모른다는 생각에 입꼬리가 올라갔습니다. 나는 끝내, 그 이야기가 듣고 싶었는지도 모릅니다.

오지 말았으면 하더라도, 일어나야 할 일은 오고야 말았습니다. 어느 날 나는 앞으로 만날 사람들과 반려동물 이야기를 나누게 될 모습을 떠올려 보았어요. 사람 간에 '형제 관계가 어떻게 되세요?'라는 질문에는 '여동생이 있어요.' '2남 1녀 중 막내예요.'라는 식의 답변이 오갑니다. 그 대답에 혹여나 고인이 된 가족을 포함하게 되더라도 어색하지 않지요.

그러나 "고양이 몇 마리 키우세요?" 질문에는 '현재 집에서 같이 기거하는 반려동물이 몇 마리입니까?'라는 미세한 초점이 잡혀있습니다. "한 마리 키웁니다."라고 말하는 내 모습을 상상해 봤습니다. 너무 어색하여 문장력이 엉성한 외국인이 구사하는 말 같았어요. 두 마리 고양이의 집사라고 말하고 다닌 지가, 꿈에서조차 고양이 둘을 양 옆구리에 끼고 다닌 세월이 어언 9년이었습니다.

나는 아깽이가 내 옆에 있는 한 그 질문에 대한 답으로 여전히 두 마리 고양이의 집사라는 말을 하게 되리라 생각했습니다. 자연스레 나온 너의 소식에 짧은 침묵이 머물러도, 예측할 수 없이 눈물이 핑 고이더라도. 정말 사랑스러운 고양이 한 마리가 오랜 시간 내 옆에 머물렀다는 사실을 자랑해야겠습니다.

아마도 어른은

-

친구의 딸 준이는 동물을 좋아했다. 특별히 고양이를. 덕분에 준이가 자라도록 마땅히 해준 것이 없던 이모는, 고양이를 두 마리나 키우는 이모로 준이의 머릿속에 각인되었다. 얼마 전 친구와 영상통화를 했다. 준이도 함께. 고맙게도 준이는 얼굴을 본 지가 꽤 오래된 이모를 여전히 기억해 주었다. 작은 화면 속으로 아깽이를 보여주자 준이가 좋아했다. 작고 귀여운 존재가 귀여운 것을 귀여워하는 모습은 흐뭇한 것이었다.

그러다 준이가 물어왔다.

"앵오는 어디 있어요?"

순간 나의 눈동자가 흔들리듯 핸드폰 속 친구의 동공도 잠시 갈 곳을 잃었던 것만 같다.

나는 여태 아이에게 죽음을 자세히 설명할 기회가 없었다. 그건 이제 막 첫째 딸이 초등학생이 된 친구도 마찬가지였을 것이었다. 무어라 얘기할지 몰라 당황하는 사이 마침 준이의 동생과 아깽이가 시선을 끌어주는 바람에 무사히 넘어 갈 수 있었다.

한참 통화를 하다가 다시 아이가 물어왔다.

"이모, 앵오는 어디 있어요?"

또렷한 두 번의 질문에 더는 대답을 회피할 수 없었다. 나는 머리를 굴리다 급하게 한마디를 꺼냈다.

"앵오는 이제 나이가 너무 많아져서, 이모랑 함께 못하게 됐어."

나름 어른스러워 보이도록, 그러나 최대한 간접적으로 표현하도록 둘러댄 그 말에도 준이는 슬픈 듯한 표정을 지어 보였다.

※

온라인을 떠도는 경험담 중에 한 어린이집 교사의 이야기가 화제였다. 수업 중에 선생님이 엄마 이야기를 꺼내자, 한 아이가 동그란 눈으로

"선생님도 엄마가 있어요?"

라며 놀라 했다는 순수한 에피소드였다. 생각해 보면 어릴 적의 나도, 어른은 하늘에서 뚝 떨어져 어른이 된 것만 같았다. 태어날 때부터 엄마는 엄마이고 어른은 어른이었던 것처럼.

막상 내가 성인이 되어서도 나보다 훨씬 어른으로 보이는 분들이 상실을 경험하거나 관련한 이야기를 꺼낼 때면, 여전히 나는 막연하게도 그분들은 무언가 다를 거라고, 슬픔이나 상실에 대처하는 그들의 마음은 훨씬 초연하고 성숙한 형태일 것이라 여긴 것 같다.

그러나 이제는 삼십 대라는 나이가 익숙해지려다가도 낯선 날이 있듯이, 언젠가 다가올 나의 환갑도 상당히 어색하고 갑작스러운 순간이지 않을까라고 짐작해 본다. 모든 사람은 처음의 순간을 살고 있다. 그러니 아무리 많은 이별을 보았다 한

들 하나의 상실은 유일한 상실의 순간, 그러므로 매 순간이 처음으로 겪는 상실이지 않을까.

준아, 사실은 이모도 앵오가 어디로 갔는지 모르겠어. 아직도 이모는 모르는 게 많아서 엄마에게 이것저것을 물어본단다. 그리고 언젠가 엄마가 세상에서 사라진다는 생각을 하면 눈물이 날 것만 같아.

아무래도 어른은 수많은 처음을 겪는 사람.
모아놓은 눈물을 모두가 잠든 시간에 쏟아내는 것에 조금 더 익숙해진 사람인 것 같다.

불빛 없는 밤

-

 불을 켜고 잠든 지 석 달이 지났습니다. 늘 완전한 어둠 속에서야 깊은 잠이 들었지만, 앵오가 떠난 뒤로는 무심코 눌린 점등 스위치에도 심장이 쿵쿵 뛰기 시작했어요. 그렇다고 해도 불을 끄고 이부자리까지 가는 다섯 걸음 정도의 어둠만 꾹 참고서는 눈을 감으면 될 텐데, 그것조차 어려워진 나는 불을 켠 채로 이불을 덮고 말았습니다.
 방 전체가 환하도록은 아니었습니다. 닳아가는 전구처럼 희미한 빛을 내기에 쓸모를 의심하던 보조 등은, 이사 온 지 오 년 만에야 기능을 찾았지요.

이전에는 잠들기 전 눈꺼풀을 맴도는 작은 빛조차 성가시게 느껴졌지만, 이제는 그 작은 불에 의지한 채 눈을 감습니다.

어릴 적부터 겁이 많던 내가 어느 순간 당당히 검은 세상에서 눈을 감을 수 있었던 건 이유는, 자려고 누운 나의 양쪽에 든든한 지킴이들이 있어서였습니다.

아깽이는 보통 내가 눕자마자 쫄래쫄래 쫓아와 나의 우측에 자리를 잡습니다. 아침에 눈을 떠보면 집사는 배게 밖으로 밀려나 있고, 아깽이가 사람처럼 베개를 베고 자는 일도 허다하지요.

앵오는 잠들 시간이면 이미 나의 머리 왼쪽에 자리를 잡고 누웠습니다. 그리고 우리의 머리맡 뒤에 있는 책장 선반을 베개 삼아 머리를 올렸지요. 그래서 그곳은 늘 비워두는 자리였습니다. 좌앵오와 우아깽. 두 마리 고양이의 각별한 보호 속에 나는 불빛 없이도 꿈나라를 마음껏 모험할 수 있었어요.

그렇다 해도 가끔 무서운 꿈에서 깨어 마주한 허

공의 어둠은 공포 그 자체였습니다. 특히 가위에 눌릴 때가 그렇지요. 가위는 늘 나를 꿈속 세상에 더 잡아두고 싶어 하는 것 같았습니다. 그래서 현실과 착각하고 말게끔 실제 방의 책장이나 의자의 위치마저 똑같이 구현해 내고 말지요. 심지어 완전 범죄를 꿈꾸며 가족들 까지도 등장시키곤 합니다.

그러다 나를 바라보는 눈빛이 묘하게 섬뜩하거나, 쉬이 쉬- 탁탁탁하는 배경음이 끊임없이 들려올 때면 나는 결국 눈치를 채고 맙니다. 그리고 "이건 꿈이야!" 하며 현실로 돌아가기 위해 온 힘을 몰아 안면 근육을 움직이려 애씁니다. 그러나 그렇게 눈 뜬 그곳도, 좌절스럽게도 대부분 다시 꿈이었습니다.

그렇게 세네 번을 가위에 눌리며 반복하다 깨고 나면, 이곳도 정말 현실일까 하는 불안이 쉽게 가시지 않습니다. 그럴 때 정확히 확인하는 나만의 방법이 있습니다.

어둠 속에 손을 쭉 뻗어 몰랑한 털 덩어리를 잡아 나의 얼굴 쪽으로 당겨옵니다. 그리고 코를 묻고 숨을 들이 마십니다. 그렇게 익숙하고 달달한 체취가 코끝에 몰려오면, 마지막까지 매달려있던 두려움이 달아납니다. 아직 잠이 덜 깬 뜨뜻한 덩어리가 꿈틀거릴 때, 나는 비로소 확신하지요.

드디어 무서운 꿈에서 벗어났구나.

엄마는 막내딸이 하룻밤이라도 혼자 집을 지킬 일이 생기면 걱정이 많았습니다.

"밥솥에 밥이 있으니 챙겨 먹고, 선풍기나 전기 매트를 사용하고 나면 꼭 코드를 뽑고 외출해야 한다. 반찬은 냉장고에 있고, 찌개는 베란다에 있다. 라면을 끓인다고 냄비를 가스 위에 올려놓고 까먹지 말고, 낯선 사람이 오면 절대 문 열어 주지 말고."

"응. 응. 응."

이어지는 레퍼토리에 건성건성 한 딸의 대답이 오갑니다. 그러다

"혼자 잘 수는 있겠지?"

라는 질문엔 나는 앵오를 쏘옥 안아 들고 당당히 대답했습니다.

"엄마, 난 하나도 안 무섭지. 왜냐면 앵오가 있

으니까!"

앵오가 떠나기 일주일 전, 나는 며칠을 유독 섬뜩한 꿈에 시달렸습니다. 꿈속의 나는 깊은 호수 아래에 잠겨 영영 눈을 감아버린 여성을 보고 말았어요. 곧 나의 주변은 깊은 수심처럼 어두워졌습니다. 양옆의 작은 창문들이 보이지 않는 힘에 의해 덜커덩거리며 차례로 열리기 했고, 공포의 실체가 나를 덮쳐온다는 압박이 최고조에 달했을 때 온몸에 소름이 돋으며 잠에서 깼습니다.

눈을 뜨자마자 방의 불을 환하게 킨 나는, 평소와는 다르게 다시 불을 끄고 잠들 수 없었습니다. 고양이들이 내 옆에 있다는 사실을 확인했음에도 불안함은 줄어들지 않았어요. 그렇게 삼 일정도 연달아 악몽을 꾸고, 이틀 정도 더 불을 켜고 잠들었습니다. 이후에 시간은 기억이 잘 나지 않아요. 확실한 건 얼마지 않아 나의 고양이는 내 옆을 떠났고, 그 후로부터 나는 쭉 불을 켜고 잠이 든다는 사실입니다.

요즘도 나는 잠들기 전에 머리맡 왼쪽 자리를 정리합니다. 이불이나 베개의 모서리가 튀어 나가 덮이지 않도록, 핸드폰과 벗어놓은 안경으로 가려지지 않도록 말이죠.

이제 누군가를 위해 그 자리를 비워두어야 할 이유가 사라졌지만 당분간은 계속될 것 같습니다. 모든 모습 중에 잠들기 전 그 곳에 누워 날 바라보던 얼굴이, 유독 선명하게 남아있어서요.

습관처럼 비운 자리를 확인하고는 이불을 덮고 눈을 감았습니다. 겨우 몇 뼘 밖에 되지 않는 부재로 인해 밤의 어둠은 더욱 까매지고 고요함은 정적으로 채워집니다.

6장

길들인 것의
책임과 공존

육아와 육묘
- 가장 늙고 초라한 모습으로 -

얼마 지나지 않아 종종 새끼 고양이를 키워보지 않겠냐는 이야기를 들었습니다. 나는 조심스레 거절의 의사를 전했습니다. 내 안의 빈자리는 나를 알고 내가 알던 초록빛 눈을 가진 존재 덩어리의 부재 때문이었으니까요.

어떤 리듬에 맞춰 엉덩이를 두드릴 때 눈을 가늘게 뜨며 골골거리는지, 어서 자신의 이름을 불러달라며 채근하는 눈빛이라든지. 그런 것들은 같은 시간을 오래도록 공유한 사이에서나 알 수 있는 신호들이었습니다. 주인 잃은 신호가 아직도 방안을 둥둥 떠돌아다녔어요. 그러니 그 틈은 다른 존재로 쉽게 메워질 리 없었습니다.

그 말에 기분이 상하진 않았습니다. 마침 주변에 새끼 고양이의 소식을 듣게 되었거나, 많이 슬퍼하는 내 마음이 다른 사랑으로 채워지길 바랐을 테니까요. 그들의 말은 틀리지 않았어요. 만약 하루 아침에 모든 털북숭이의 온기를 느낄 수 없게 되었다면, 나의 하루가 더욱 삭막했을 테니까요.

온갖 부정적인 감정에 둘러싸여 있다가도 고개를 돌리면 언제나 노란 고양이가 나의 시야 안에 들어오는 일. 그것이 얼마나 지속적인 안정감을 주는지, 살집이 부쩍 올라 봤자 잘 익은 호박만 한 이 작은 몸에 얼마나 의지하고 있는지, 이 아이는 결코 모를 것입니다.

반려 고양이를 가족같이 여기는 사람들이 많아지면서 '육묘'라는 유행어가 생겼습니다. 아이를 키우는 과정인 '육아'에 빗대어 고양이를 키우는 것을 '육묘'라고 부르는 것이지요. 나는 육아를 해본 경험은 없지만 하나의 생명을 돌보는데 그만큼 많은 노력과 마음이 필요한 일이기 때문일 거라고 생각했습니다.

언젠가 본 한 티브이 프로그램에서 아동 정신 분야의 국민 멘토인 오은영 박사는 '육아의 목표는 잘 보내기 위한 것'이라고 했습니다. 아이들이 자라 부모의 품에서 떠나 독립할 그 날을 준비하는 것이 육아의 진정한 목표가 되어야 한다고요.

19년을 함께한 나의 첫 고양이를 보내고 난 뒤, 우연히 그녀의 말을 듣게 된 나는 육묘 또한 잘 보내기 위한 과정이라고 생각했습니다. 물론 조금은 다른 의미로요. 인간의 아이는 자라 자신의 삶을 찾아가기 위해 언젠가 부모의 품을 떠나겠지만, 반려동물들은 내 품에서 점점 더 늙고 작아질 뿐입니다.

특별할 일이 없다면 반려동물은 우리보다 먼저 세상을 떠나고 말아요. 그 길의 끝까지 곁을 지키는 것, 조금이라도 더 건강하고 행복한 여정을 보낼 수 있도록 하는 것. 그것이 날마다 육묘에 마음을 쏟아야 하는 이유가 아닐까요.

*

　반려동물의 인간 동거자들은 그들의 고양이나 개를 향해 흔히 '가족이나 다름없다.' '자식 같다.'라는 말로 애정을 표현합니다. 그 말에 진심인 이들도 있지만, 한 해 동안 버려지는 유기 동물들을 생각하면 아무래도 그 말에는 몇 가지 특별한 제약이 따르는 것 같아요.

　1 – '나'도 별 탈 없이 살만한 시기에
　2 – '너'도 말도 잘 듣고 건강하게 귀여운
　　　모습을 유지한다면

　사람들은 달콤한 결정을 내릴 때 선택으로 인해 행복해질 일들만 꿈꾸는 것만 같습니다. 때론 예측할 수 없는, 예측할 수 있는 가능성들을 보려 하지 않은 채로 말이지요. 랜선 집사라는 말이 유행할 정도로 고양이와 함께하는 삶에 관심은 커져가지만, 집사와 고양이의 삶은 마냥 포근하지만은 않습니다.

한 고양이가 어떤 성격과 기질을 가졌는지는 오랜 시간을 함께해야만 알 수 있습니다. 어느 날 가족이 된 당신의 고양이는 유독 겁이 많고 예민하여 병원을 가야 하거나 이사를 할 때마다 극도의 스트레스를 받을 수도 있어요. 사람을 좋아하는 당신의 집으로 낯선 이가 찾아오는 것을 꺼릴 수 있고, 스트레스를 받을 때면 아끼는 물건에다 소변을 눌 수도 있지요. 당신의 고양이는 개냥이가 아니라 반려인의 손길을 꺼리고 혼자만의 시간을 좋아하는 아이일 수도 있습니다.

또한 당신의 고양이는 언제든지 치명적인 질병에 걸릴 수 있어요. 어느 순간 대소변이라도 시원치 않게 보는 날에는 화장실에 늘어가는 고양이를 바라보며 가슴을 졸이게 되지요. 그러다 기다렸던 무언가가 나오면 손뼉을 치며 하늘에 감사 기도를 올리고 있는 자신을 발견할지도 몰라요. 부담스러운 병원비와 함께, 어느 날엔 집사의 손으로 억지로 약을 먹이고 뾰족한 바늘로 수액을 놓아야 할 수도 있습니다.

여행을 좋아하던 당신은 병약한 고양이를 돌보

느라 여행은 꿈도 못 꾼 채 하루 반나절 집을 비우는 것조차 어려워질지 모릅니다. 이 모든 건 고양이의 변화에만 따른 서술이고, 우리의 인생에 찾아오는 다양한 불행과 변화의 옵션은 또한 추가적인 문제입니다. 오히려 후자의 이유로 키우던 반려동물을 포기하는 사람들도 많은 편이지요.

이 모든 걸 감당하는 것이 육묘입니다. 아유 오케이? 나는 지금 겁을 주고 싶은 건지도 몰라요. 나라고 설레는 마음으로 고양이와 함께할 포근한 나날을 꿈꾸는 사람들에게 무서운 엄포를 늘어놓고 싶었던 건 아닙니다.

오히려 도대체 고양이가 없으면 무슨 재미로 살죠? 힘들 땐 뭘 보며 웃죠? 무서운 꿈이라도 꾸다 깼을 때 고양이가 없는 사람들은 어떻게 하죠? 그렇게 외치고 싶습니다. 하지만 이제는 귀여움만으로 한 사람의 영역에 생명을 끌어들이는 것이 얼마나 무책임한 일인지를 알아버렸어요.

모든 동물이 행복해질 순 없더라도 세상에 슬픈 일은 하나라도 줄어들었으면 하니까, 나는 이제 잔소리를 줄일 수는 있어도 하지 않을 순 없는 사람이 되고 말았습니다.

첫 순간의 나도 지금처럼 비장한 마음이었던 것은 아니었어요. 함께 한 평범한 낮과 밤이 쌓여 마지막 지점에 이르러서야 커버린 마음의 크기를 알고 괴로워했습니다. 우리의 이야기가 시작될 즈음에는 알지 못했습니다. 작고 귀여운 머리가 나로 가득 채워진다는 것이 우주를 흔들만한 일이 될 줄은.

만약 시간이 흘러 다시 어여쁜 아기 고양이의 집사가 될지 고민하는 순간이 오다면, 그의 매력에 쉽게 매료되지 않을 것입니다.

나는 세상 물정도 모르는 작고 호기심 가득한 털뭉치를 보며, 아직 다가오지도 않은 그의 가장 늙고 초라한 모습을 떠올릴 거예요. 그렇게 마지막 순간까지 작은 몸을 놓지 않겠다는 무거운 확신을 가지고서야, 서로의 반려가 될 것입니다.

진짜 사랑한다면
– '내'가 아니라 '너'를 –

　지인의 동생은 가을이라는 노란빛 털과 뾰로통한 표정이 귀여운 고양이의 집사입니다. 언젠가 한번 그의 가게를 방문한 적이 있는데, 가게 한켠에는 동네를 오가는 고양이들이 쉬어갈 수 있는 작은 집과 신선한 물과 먹거리를 담은 그릇이 놓여 있었습니다. 그가 가게를 오가던 길고양이들의 가족을 만들어 주었다는 반가운 소식도 간간이 들려왔습니다.

　그 사이 가을이네에 기쁜 소식이 늘었습니다. 아이가 태어났다고 했습니다. 그 순간에도 가을이는 가족과 늘 함께였어요. 그러던 어느 날 아기에게 아토피 피부염이 생겼습니다. 나에게도 계절 따라 부분 부분 아토피가 심해지는 부위가 있기에, 때론 어른도 참기 어려운 자극으로 인해 아기와 가족들이 힘든 시간을 보내고 있을 거라 짐작했습니다.

결국 증상이 호전될 때까지 가을이와 아기의 접촉을 줄여야만 했습니다. 함께하기 위해선 가을이의 활동 범위는 예전보다 제한될 수 밖에 없었지요. 가까운 곳에서 가을이네를 지켜보던 지인이 내게 말했습니다.

"옆에서 보니 너무 힘들어하더라고."

나는 고개를 끄덕이며 말했습니다. "정말, 힘드시겠다." 아픈 아기를 지켜보는 엄마의 마음은 얼마나 속상할까. 몸도 마음도 두 배로 지치고 힘들겠지. 그러고 이어지는 지인의 다음 말이 인상 깊었습니다.

"가을이에게 너무 미안해서."

나는 그 한 마디로 인해 가을이가 진정한 그들

가족의 일부임을 온 마음으로 느낄 수 있었습니다.

내가 지켜본 진짜 사랑하는 사람들은, 주로 이런 언어를 사용했습니다.

'(나)는 이러한 상황이야. (나)는 너무 힘들어. (나)는 이만큼의 노력을 했어.' 라고 말하기보단
'이해하기 어려운 상황들로 인해 (너)는 얼마나 힘들까? 나의 선택과 부주의로 인해 혹시 (너)가 더욱 고통받진 않았을까? 그래서 미안하고 마음이 아파.'
라고 이야기했습니다.

정말 사랑하면 주어는 상대가 되었습니다. 그래서 예측하지 못한 상황 속에서도 나의 힘듦만큼 상대의 아픔을 떠올립니다. 사랑한다면 '나'보다는 '그'의 눈으로 세상을 바라보게 되기 때문에.

하나의 주어진 상황에 정답이란 건 없을지도 모릅니다. 하지만 우연일까요. 나의 아픔보다 너의 아픔을 말하던 이들이 그들이 아끼던 것을 끝내 지

켜내는 걸 보게 되는 것은.

나는 어느 순간부터 고양이를 사랑한다며 온통 사진을 도배하는 모든 사람을 신뢰하면 안 된다고 생각했습니다. 예쁘고 귀여운 것에 마음을 쓰는 것과 사랑하는 일은 다른 것이니까요. 빛나는 순간의 행복을 나누는 일은 어렵지 않은 일입니다. 위태로운 순간마저 서로의 손을 놓치지 않고 통과하려는 마음이야말로 사랑이 아닐까요. 가족이라는 단어는 그 순간부터 빛을 내기 시작합니다.

*

마음이 하나라면, 사람은 조각조각 나누어 사용합니다. 지인을 만나 따뜻한 차 한 잔을 나누어 마시고, 가끔은 해변을 걸으며 바다를 바라보는 것도 빠뜨릴 수 없습니다.

그러나 반려동물의 투명한 마음을 가만히 들여다본다면 그의 생 어느 순간이든 우리의 모습이 비쳐 있을 것입니다. 그 커다란 마음의 무게를 생각하면, 나는 가끔 사람이 이런 순수한 마음을 온전히 받을 자격이 있는가를 고민하게 됩니다. 나 역시도요.

어떠한 상황에서도 길들인 것에 최선을 다하는 이의 태도는 그의 삶 대부분에도 적용되리라 믿습니다. 작지만 자신을 향해 신뢰를 보인 존재를 책임질 줄 아는 이는, 삶의 여러 길에서도 그런 방향성을 가지겠지요. 그는 뒤를 돌아보지 않고 나아가는 이보다 자주 멈추고 느릴지라도, 언젠가 자신이 지킨 별들을 보며 웃을 수 있지 않을까요?

최근 가을이의 가족은 방의 문을 안과 밖을 비출 수 있는 투명한 도어로 교체하는 시도를 해보았습니다. 그래서 서로가 다른 공간에 분리되어 있어도 서로를 바라볼 수 있게 되었습니다. 나는 참 멋진 아이디어라고 생각했습니다.

들려오는 소문에 의하면 가을이와 집사들의 만족도도 높다고 합니다. 아이도 자라는 속도만큼 점점 건강해지고 있다고 해요. 머지않아 어린 집사와 고양이가 나란히 누워 잠든 사랑스러운 투 샷을 볼 수 있을지도 모른다는 생각에, 마음이 설레어 왔습니다.

습관을 바꾸는 비밀
- 똥스키 -

나는 심각한 길치이다. 지도를 분석할수록 목적지와 멀어지며 늘 다니던 길도 가끔은 낯설게 느껴진다. 원은 두어 번 정도는 방문했지만 아직은 낯선 거리를 지날 때마다

"이것 봐! 여기 진짜 특이하게 생겼네?"라며 한 건물을 가리키는 나에게

"기억 안 나? 예전에도 이 길을 지날 때 그 말을 똑같이 했어."라고 했다. 그럴 때마다 나는 얼버무리곤 했다.

"아, 그래? 역시 난 한결같은 사람이야. 똑같은

걸 보고 또 감탄하다니."

운전자의 옆 자리에 앉은 면허도 없는 친구들이 "이쪽으로 가면 OO 사거리잖아."라고 내 눈엔 똑같이 생긴 도로의 지리를 술술 외거나, 도로 위의 차들을 보고 분노하는 모습을 보며 어느 날 나는 왜 이리 길치이며, 운전면허가 없는 친구들조차 어떻게 저리 도로의 법리에 대해 소상히 알고 있는지 고찰하게 되었다. 그래서 차에 탔을 때 나의 의식의 흐름을 관찰해 보기로 했다.

만약 내가 창밖을 보고 있다면 나는 눈길이 닿는 대로, '구름이 몽실몽실하게 생겼네, 기린 모양이네. 오늘 참 하늘이 참 파랗네, 서 나무가 유독 시원하게 잘 뻗었군. 얼마나 오래 된 나무일까? 저 건물은 개성 있게 지어졌네.' 따위에 관심이 있었다.

내가 창밖을 보고 있지 않다면 같은 차에 탄 사람들에게 집중한다. 하고 싶었던 이야기, 가벼운 농담, 근황 토크 등을 조잘거린다. 그렇지 않다면 잠시 눈을 감는다는 게 그만 옆 좌석을 침범하면서까지 머리를 돌리며 졸고 마는 것이다.

나는 길이 궁금하지 않았고, 내가 오늘 만날 이들이 어떤 멋진 차를 타고 나오는지가 궁금하지 않았다. 그렇게 나는 무감한 영역에 관해 끝도 없이 무심해지곤 했다.

나는 물건을 살 때 주머니에 동전이 몇 개 있으면 굳이 잔돈을 건네며 지폐로 바꾸려고 하지 않는 사람이었다. 솔직히 말하자면 스무 살 때 편의점에서 아르바이트를 하기 전에는 그런 발상조차 하질 못했다. 그래서 처음 손님이 그런 이야기를 꺼냈을 때 제법 당황스러웠던 기억이 난다. 나에게 주머니에 동전이 짤랑거리는 날은 길거리에 파는 떡볶이나 어묵을 사 먹기 딱 좋은 날이라는 신호였으니까.

방 안에 머리카락이 한두 개씩 떨어져 있어도

"바로 앞에 머리카락 안 보이니? 보이면 쓰레기통에 좀 넣어라. 요기도 있네!"

라는 엄마의 말에 '머리카락은 계속 떨어지는 것인데 보일 때마다 주우려 하면 끝도 없는 것 아닌가. 이따 청소할 때 한 번에 청소기로 밀어버리는 게 효율적일 것 같은데.'라고 구시렁거리며 머리카락을 손톱 끝으로 짚어내곤 했다.

어느 날은 변을 보고 나온 아깽이가 불편한지 엉덩이를 바닥에 쭉 끌기 시작했다. 일명 똥스키였다. (고양이가 스키를 타듯이 엉덩이를 바닥에 붙이고 뒷다리로만 끌어 움직이는 자세) 아깽이는 종종 변비로 항문에 변이 걸릴 때마다 똥스키를 타곤 했기에, 변이 있다면 뽑아줄 요량으로 꼬리를 들고 항문을 살펴봤다.

그런데 주름지고 앙큼한 똥꼬 사이로 삐쭉이 머리카락이 달려있었다. 기다란 것이 누가 봐도 내 머리카락이었다. 그 끝에 작은 똥이 매달려 있으니 아깽이가 불편함을 느낄 법도 했다. 머리카락을 살짝 당겨보니 무언가에 걸린 듯 뽑혀 나오질 않았다.

나는 급히 웹서핑을 시작했다. 머리카락이 항문에 걸렸을 때에는 살짝 당겨 뽑히는 것을 제외하고는 절대 억지로 당겨서는 안 된다고 했다. 징에 상처가 나거나 장이 꼬일 수도 있기에.

내 머리카락 한 올이 작은 동물에게는 이토록 큰

위협이 될 수 있다니, 상상만 해도 끔찍한 일이 아닐 수 없었다. 다행히 대부분은 다음 차례의 변과 섞여 나오기 때문에 유심히 지켜보라고 했다. 그렇게 머리카락을 최대한 항문 가까이 자르고, 아깽이의 다음 변이 나올 때까지 초조한 시간을 보냈다.

이상한 일이었다. 나의 머리카락이 1급 위험물로 인지되자, 방안에 한두 개씩 떨어진 머리카락들이 그렇게 잘 보일 수가 없었다. 하루 아침에, 아니 몇 시간 만에 나는 깔끔하기로 소문난 노홍철과 서장훈의 눈을 가지게 되었다. 삼십 년 동안 덜 빠지던 머리가 하루 사이에 많이 빠질 리는 없겠고, 이전에는 안 보였던 것에 가까웠겠다.

나는 그때부터 머리카락이 한 올이라도 보이면 부지런히 주워 담기 시작했다. 심지어 보이지 않는 머리카락마저 잡기 위해 접착 돌돌이를 들고 틈만 나면 이불 위를 훑고 지나갔다.

나는 그날 몇 시간에 걸쳐 머리카락이 항문에 걸린 고양이에 관한 거의 모든 사례를 확인했다. 그리고 다음 날, 아깽이의 변에서 무사히 남은 머리카락의 일부가 확인되었다. 나는 기쁨과 안도의 탄성을 질렀다.
"정말 다행이야. 아깽아!"
그 후로도 지금까지, 나의 머리카락 줍기는 끝나지 않았다.

당연한 사랑

-

　세상에 존재만으로 당연한 사랑이 있을까요. 그렇다면 사랑하기에 이유는 필요치 않은 것인지, 이유 같은 건 필요하지 않은 것이 사랑인 건지 궁금해지는 밤입니다.

　우연히 입양한 열두 명의 아이와 가족을 맺은 부부의 이야기를 보았습니다. 보통 가족을 기다리는 아이들은 5세가 넘어가면 입양률이 낮아지며 파양률도 80~90%가 된다고 합니다. 그렇기에 그들 부부는 신생아가 아닌 성장한 아이들을 입양했습니다. 그들의 아이는 이미 파양을 경험해 마음의 상처가 깊거나 중증 신체장애가 있는 경우가 대부분이었습니다. 어쩌면 다른 이들이 꺼릴만한 조건을 가진 아이들만 입양하는 특별한 이유를 묻는 인터뷰에 어머니의 말이 오래 마음에 남았습니다.

그녀는 말했습니다. 실제로 아이를 가지고 낳을 때도 그가 어떤 아이인지 알지 못한 채 놓고 사랑하듯, 세상이 정하는 정상이냐 아니냐의 기준으로 아이를 저버릴 수 없듯. 아이를 입양하기로 마음먹은 순간에도 그것들은 중요한 문제가 아니었다고 했습니다.

생각해 보자면, 부모는 그들에게 아이가 찾아왔기에 사랑하는 것이지 그 아이의 어떤 면 때문에 특별히 더 사랑을 주기로 결심하지는 않습니다. 귀여운 장난기가 사랑스러운 아이가 있습니다. 바꾸어 말하면 만약 그 아이가 고요한 침묵을 즐길 줄 알았더라도 그들은 어김없이 아이를 사랑했을 것입니다.

나의 고양이와 가족이 되기로 한 순간에 나는 그

들과 가깝지 않았습니다. 서로가 서로를 모른 채로, 덜컥 서로의 세계로 뛰어들고 만 것이지요.

나는 그들이 무엇을 좋아하는지 몰랐습니다. 앵오는 멸치와 생선을 좋아하지만 아깽이는 그런 것들보다는 캣그라스나 고구마를 좋아한다는 것도, 앵오는 내가 엉덩이를 세게 두드릴수록 골골 송을 부르지만 아깽이는 코와 턱을 부드럽게 문질러 주는 걸 더 선호한다는 것도요.

나는 알지 못했습니다. 다른 집 고양이들은 병원에 가도 얌전히 앉아 차례를 기다리던데 왜 우리 아이들은 세상의 마지막 날처럼 숨을 헐떡이며 넘어가는지. 낯선 사람이 오면 우당탕거리며 어둡고 높은 곳으로 숨어드는지.

변비가 잦은 아깽이가 용변을 보고 소리를 지를 때마다 얼마나 마음을 졸이게 될지, 미처 나오지 못하고 항문에 끼인 변을 뽑으며 보다 촉촉한 변을 위해 애쓰는 나를 상상해 보지 않았습니다.

건강한 편이던 앵오조차 나이가 들며 탄탄하던 몸이 점점 기능을 잃고 야위어질 거란 것도. 그 모습을 바라볼 수 밖에 없는 게 집사의 삶이라는 것도요.

　그러나 울리고 웃는 날이 반복되어도 그들을 아끼는 마음에는 조금의 미동이 없었습니다. 좋은 점, 나쁜 점이라고 이름 붙일 수 없는 모든 것이 나의 고양이의 일부이고 그들의 삶이 가진 고유함이었습니다.

*

　걱정이 많은 나는 선택이 필요한 순간마다 모든 크고 작은 가능성을 곱씹어 보느라 많은 시간을 소모했습니다. 그래서 통제할 수 없는 순간이 다가오면, 몹시도 두려움을 느꼈지요. 덕분에 나는 자주 무언가에게 쫓기거나, 누군가에게서 도망가려는 꿈을 꾸었습니다.
　왜 나는, 내가 사랑하기로 살아내기로 마음먹은 것들이 조금이라도 어긋날까 봐 두려워할까요? 얼마나 작은 조각까지 나의 예측대로 맞길 바라며 안간힘을 써 온 걸까요. 내 삶에 다가올 모든 좋거나 좋지 못한 날들마저 온전히 나의 일부로 사랑한다면 조금은 무뎌질 수 있지 않을까, 생각했습니다.

그래서 나는 종종 부부의 이야기를 떠올리기로 했습니다. 그러고 보니 그들 부부처럼 대단치 못해도 나도 한 존재를 온전히 사랑해 보았습니다. 사랑하고 있어요. 그렇게 내가 사랑한 얼굴들을 떠올리며 용기를 내어보기로 합니다.

어설픈 이타심

-

 늘 어설픈 게 문제입니다. 상대의 입장이 뻔히 읽히는 바람에 마음이 흔들리지만, 속으로는 내가 양보할 수 없는 부분에 대해 생각해요. 들판을 뛰노는 소의 사진을 한쪽 벽에 떡하니 실어놓은 고깃집 인테리어에 반감을 가지지만, 골목을 채우는 곱창구이 냄새에는 침샘이 활성화됩니다. 나의 고양이에 대한 애잔함은 넘쳐나지만 다른 생명의 고통에는 적극적으로 나서지 않습니다. 차라리 모르면 몰라, 어설프게 이타적이며 또한 이기적입니다.

 살아보니 인식과 실천은 전혀 다른 문제였어요.

내가 존경하는 선생님은 북을 잡으면 잡스럽지 않게 딱 소리 나도록 치라고 누누이 말씀하셨는데, 나의 북소리는 늘 어설픈 장단 투성이었습니다.

만월이라는 고양이의 집사인 언니는 늘 차에 길고양이를 챙길 사료를 싣고 다녔습니다. 어느 날은 언니와 번화가에서 만나기로 했습니다. 멋스러운 원피스에 가방을 든 언니의 반대편 손에 들려진 쇼핑백에는 우연히 마주칠 고양이들을 위한 사료와 물병이 담겨있었습니다. 또 아픈 길고양이를 병원에 데려가 치료해 준 친구와, 온 동네 길 고양이의 사료와 병원비를 위해 더욱 열심히 일한다는 친구의 친구 이야기도 들었습니다.

요즘은 이렇게 일정한 구역 내의 길고양이들을 꾸준히 돕는 사람들을 캣맘이라고 부릅니다. 동시에 캣맘을 향한 부정적인 시선도 존재하지요.「살리는 일」의 박소영 작가는 길고양이를 챙기다 마주친 아저씨에게 "그렇게 길거리 고양이들을 챙길 시간이 있으면 집에 가서 부모님이나 좀 더 챙기지." 라는 맥락 없는 소리를 들어야 했습니다.

그러나 한 번쯤은 생각해 보길 바랍니다. 자신의 건강을 위해 매일 가벼운 산책을 다짐해도 작심삼일을 넘기기 힘든 세상입니다. 그러나 내가 아닌 다른 생명의 한 끼니를 위해, 배고픔에 빈 골목을 두리번거리며 늘 오던 인간을 기다리는 마음을 실망시키지 않기 위해 피곤한 몸을 이끌고 궂은 날씨에도 문밖을 나서는 이의 뒷모습을.

적어도 그들은 실천하는 사람입니다. 근질거리는 입술로 혐오의 말을 던지기보다는 더 나은 방법을 함께 고민할 수는 없는 걸까요?

나의 방에 있는 고양이를 보며 알게 되었습니다. 간혹 사람들은 고양이를 산책도 하지 않고 대소변도 잘 가리니 개보다 키우기 쉬운 동물일 거라 생각하지만, 고양이는 매우 예민한 동물입니다.

일명 개냥이라고 불릴 정도로 친화력이 좋은 아이들도 있지만 대부분의 고양이는 좋아하는 것, 싫어하는 것에 대한 경계가 분명하고 영역 동물인 만큼 겁이 많고 방어적인 기질이 있어요.

또한 그들은 따뜻하고 푹신한 곳을 좋아하며 깨

어있는 시간의 대부분을 세수에 공을 들일 정도로 청결하지요. 즐거움을 알고 사랑을 표현할 줄 알고, 공포와 외로움도 느낍니다. 같은 집에서 자란 고양이들이라도 저마다 취향과 개성이 도드라져요. 그런 고유한 고양이의 특성이 살아남기 위해 살아가는 길고양이에게는 사치나 다름없다는 것을 떠올리면 마음이 짠해지고 맙니다.

나는 길고양이에게 정기적으로 밥을 주고 돌보는 이들을 대단하게 여깁니다. 그 이유는 나는 그런 사람이 못 되기 때문이지요. 나는 길고양이와 마주칠만한 장소로 외출하는 날에는 몇 가지 사료나 간식을 챙깁니다. 경계를 늦추지 않으면서도 먹을 것을 찾아 사람의 영역을 두리번거리는 그들을 만나면, 먹을 것을 주변에 내려 둔 채 몇 걸음 떨어져 지켜봅니다.

사람의 손을 타지 않은 고양이는 작은 소음에도 귀를 쫑긋거리며 허겁지겁 배를 채우기에 바쁩니다. 나는 그가 다 먹었는지를 확인하고선 아쉬운 발걸음을 뗍니다. 우연히 몇 주 뒤 그곳을 지나다 또 그 고양이를 만납니다. 녀석은 그 골목길 어딘가에 사는 것이 분명한 듯 보였습니다. 나는 준비해온 간식을 길고양이에게 전해줍니다. 시간이 지난 뒤 다시 그곳을 지나가며 골목을 두리번거리지만 그날은 그 아이를 만날 수 없었습니다.

나와 길고양이의 만남은 주로 이런 식이었습니다. 한 번씩 그 아이들을 만난 골목에 먹을 것을 들고 찾아간 적도 있지만, 고양이들이 나란 사람을 기억할 수 없을 정도로 뜸한 일입니다.

사실 나는 두려운 거예요. 거리의 아이들과 마음을 주고받다 그들의 신뢰를 받을지도 모른다는 것이.

나의 선택의 끝은 자주 나의 고양이에게 닿아있습니다. 깊게 사랑하는 건 행복한 일이지만 그만큼 많은 양의 마음과 책임이 필요했어요.

유난히 걱정이 많은 나는 고양이들과 나의 작은 변화에도 두려움에 밤잠을 설치기 일쑤였습니다. 그러니 아직 여러모로 단단히 자리 잡지 못한 나에게는 주고받는 사랑이 늘어나는 것은 여간 용기가 필요한 일이 아니었습니다.

결국에 나는 어설픈 동정심과 양심 사이에서 비겁한 선택을 하기로 했습니다. 나는 그들에게 어느 날 기대 없이 길을 가다 오천 원짜리를 주운 정도의 작은 행운 같은 것이 되길 바라며 주머니에 간식이나 사료를 넣어 다니기 시작했습니다.

어느 날은 생각했어요. 내게 주어진 세상이 끝나고 하늘과 땅의 경계가 없는 곳에 둥둥 떠 있는 나의 영혼을. 그때 알 수 없는 근엄한 목소리가 지구에서의 나의 죄명을 낱낱이 각인시켜주는 상황을.

그러다 방관의 죄에 대한 대목들이 흘러나옵니다. 그들은 내가 살며 무언갈 섭취하고 사용하고 편리함을 누리며 잠드는 순간 많은 다른 존재들의 고통을 외면했다는 사실을 일러 줍니다.

끝도 없는 항목들을 숙연히 듣다 문득 궁금해질 거예요. 혹시 타자의 고통을 알고도 행동하지 못한 이와, 인지조차 못 한 채 살아가는 사람. 누구의 잘못이 더 무거운 것일까요? 지금 나의 머리로는 그

답이 무엇인지 도무지 알 수 없습니다.

누구나 한 번쯤은 고양이가 된다
-

골목을 걸을 때면 거리의 이곳저곳에 쉽게 눈길을 빼앗깁니다. 세련된 인테리어로 눈길을 끄는 점포와 규칙적으로 가꾸어진 가로수들, 단정히 차려입고 횡단보도를 지나는 사람과 그 뒤를 당당히 뒤따르는 강아지들을. 그러다 그 길의 끝에서 도시의 비주류와 마주칩니다.

그들은 초대받지 못한 손님이라는 것을 본능적으로 알고 있는지 볕이 드는 길보다 그림자를 타고 이동하며, 호의를 주고받는 법보단 몸을 숨기는 법을 먼저 익혔지요.

가던 길을 멈추고, 아스팔트와 불빛의 성 아래 태어났기에 살아가는 작은 몸들을 바라봅니다. 누군가는 유독 어둠 속에 빛나는 그들의 눈이 서늘하다 말했지만, 나는 그 눈빛이 선하고 서글퍼 보여요. 그들은 그저 존재할 뿐입니다.

나는 성실함과 노력이 주어진 환경을 바꿀 수 있다고 믿는 편이었지만, 나이를 먹으며 적지 않은 사실을 알아냈습니다. 한 존재의 노력과 의지와는 상관없이 그때 그 자리에 있었고, 그렇게 태어났기에 생명의 존엄성을 잃어가는 많은 존재들이 있다는 것을요.

작은 인기척에도 더욱 솝고 어두운 곳으로 숨어드는 고양이를 볼 때면, 누구나 도시 속에 살며 한 번쯤은 거리의 고양이가 되지 않을까, 생각했습니다.

익숙할 법하면 찾아드는 낯선 공기에 이방인이 된 것 같은 날에, 바꿀 수 없는 나의 일부로 차가운 눈빛을 받을 적에, 작은 호의조차 믿을 수 없을 만큼 상처받은 기억이 쌓여 갈 때, 반복되는 고단함의 끝이 쉬이 보이지 않을 적에.

나는 오늘, 당신이 집으로 돌아가는 길에 그들을 마주한다면 연민하길 바랍니다. 그렇게 하루를 무사히 살아낸 도시 속 존재에게 한 번쯤은 다정한 눈인사를 건네면 좋겠습니다.

오늘 하루도, 우리 정말 수고했다고.

7장

다시,
계절이
돌아오면

지금, 여기로 나를 부르는

 요즘 나의 생활 반경은 어느 때보다 작고 좁습니다. 그렇다고 해서 온전히 머물렀던 것도 아니었어요. 비록 몸은 움직이지 않아도 생각이란 것은 시공간의 제약이 없으니까요. 과거의 기억과 미래의 두려움 사이를 배회하는 건 현재를 잊는 좋은 방법이었습니다.

 근 몇 년간 나의 중심은 나의 고양이를 지키는 것과, 내 안에서 잘할 수 있는 것들로 '일'이란 틀을 만들고자 하는 소망이었습니다. 그러나 근래의 짧은 기간 동안 나를 지탱하던 많은 것들이 끝이 났으며, 끝이 보이는 것만 같았습니다. 괜찮아지기 위해 하나둘 기대와 감정을 내려놓다 보니 어느 순간 많은 것들이 아무렇지 않아졌고, 아무것도 아닌 것이 된 거 같아 자꾸만 입을 다물고 싶어 졌어요.

무거워진 몸과 마음의 무게로 널브러져 있을 때면, 조금 전까지 제 몸에 꽉 끼는 상자 속에 잠들던 노란 털 뭉치 하나가 덜 뜬 눈을 끔벅거리며 내게 걸어옵니다. 무언가 어설퍼 보이는 그 모습은 달랑거리는 윈시 주머니와 짧은 다리 탓인지 우아한 고양이의 걸음보다는 아장아장이라는 말이 더 어울립니다.

그런데 얘는 왜 이렇게 눈을 덜 뜬 채로 걸어올까요. 잠결에 내 꿈이라도 꿔 비몽사몽으로 나를 찾아온 걸까요. 아니면 굳이 눈을 떠 위험요소를 피할 필요가 없을 만큼 나를 의지하기 때문일까요. 어느새 쭉 내민 작은 앞발이 나를 툭툭 칩니다. 눈을 마주치니 "애옹!" 하는 아기 새 같은 소리를 내며 무시할 수 없는 정수리의 힘으로 나의 가랑이 사이를 파고듭니다. 한참을 골골거리며 온몸을 간지럽히더니 다시 눈을 감아버렸어요.

매일 보는 장면인데도 피식피식 웃음이 나는 건 어쩔 수 없습니다. 그래요. 고양이와 살면 아무리 웃을 일이 없는 날에도 한 번은 웃게 되었습니다. 그네들의 몽글몽글한 온기로 하루에도 몇 번이나 잊고 살던 좋은 감각들을 되새겨주었어요.

고양이들은 늘 그 자리였습니다. 집사가 예기치 못한 행운에 들떠 마음이 총총거리는 날에도, 예측하지 못한 불운에 한껏 풀이 죽을 적에도.

좋고 나쁜 것들 모두 나의 일부일 뿐 언젠가 스쳐 지나가리라는 걸 아는 듯, 동그란 눈으로 날 정성껏 담던 그 아이가 원하는 건 그저 나일뿐이었습니다. 무려 열아홉 해였어요.

그 덕에 나는 삶의 기복 속에서도 다시금 일상의 감각을 유지할 수 있었습니다. 먹거리를 오도독 씹어 넘기는 야무진 입을 바라보며, 뜨끈한 황금 맛동산에 오늘도 한 건을 해냈다고 치켜세우며, 어둠 속에서도 나를 깨우는 소리에 눈을 뜨며.

나를 틈틈이 지금 이 순간으로 데려오는 한없이 작고 무해한 존재들. 오늘도 낮은 숨을 쌔근거리며 내게 기대어 잠든 아이를 보고 있자니, 언젠가 이 깜깜한 시절을 지나면 다시 작고 예쁜 것들을 사랑할 수 있을 거라는 믿음이 오르락내리락 움터 오릅니다.

마음의 언어

-

 순간마다 속살거리는 생각은 문장의 모습을 하고 있어요. 겉보기엔 입술을 꾹 닫고 있어도 우리의 머릿속에는 한시도 말들이 떠나가질 않아서, '그때 그 말을 할 걸 그랬네. 바보같이.' '그나저나, 오늘 저녁은 무얼 먹지?'와 같은 것들로 끊임없이 침묵의 자리를 대체합니다. 때론 감당할 수 없이 소란스러운 바람에 고요를 차지하기 위한 자신과의 싸움이 벌어지기도 하지만요.

 보이지 않지만 이따금 큰 존재감을 드러내는 것으로는 마음이 있어요. 마음은 생각과 닮아 보이지 않는다는 공통점이 있음에도, 문장처럼 구체적인 형태를 지니지 않기에 마음의 언어를 정확히 이해하기에 어려운 날이 많았습니다.

보이지 않는 것을 섬세히 그려내는 시인이 아닌 나 같은 평범한 이들은, 무언가 강력한 감정에 압도당하는 상태에 놓이고서야 마음의 존재를 느끼게 되지요. 희한한 점은 그럴 때는 왼쪽 허벅지도 오른쪽 발바닥도 인중도 아닌 늘 심장 근처의 어딘가가 반응한다는 것이었어요.

마음의 언어는 대체로 감각에 가까웠습니다. 올해 가장 많이 느낀 감각은 심장이 달랑거리다가 발밑으로 떨어지는 것 같다가, 눅눅해지다가, 이느새 불어온 찬 바람에 가슴이 훤히 드러난 것만 같은 느낌이었어요.

나의 고양이가 떠난 지 몇 달이 지나고서도 마음의 신호를 감지할 수 있었어요. 그러나 예전처럼 자주 덜렁거리거나 쿡쿡 찔리거나 텅 빈 느낌만은 아니었습니다. 한 번씩 그런 것들이 방심할 때를 틈타 우르르 몰려올 때를 제외하면 오히려 나의 마음은 무언가 채워져 있고 잔잔히 생동하는 느낌에 가까웠어요. 이것은 아무 일도 없을 때와는 조금은 달랐습니다. 마음의 언어를 모르기에 문장으로 옮기기 어렵지만 그것은 뭔가를 알고 있다거나 확신에 가까운 것이었어요.

    지금보다 마음의 붕괴가 자주 찾아왔을 때조차 온종일 슬프지 않을 수 있던 이유는 바로 그 감각 때문이었습니다. 방문을 열 때마다 어디선가 나의 고양이가 웅크려 낮잠을 자고 있을 것만 같은 예감 같이요.

    나는 아직도 부재를 실감을 못 하고 있다는 것에서 원인을 찾기도 했어요. 감당하기 어려운 슬픔이 찾아올 때면 슬픔의 주체를 보호하기 위해 현실과 인식의 간격이 멀어지기도 한다는 이야기를 들었거든요.

    그날 이후로 4개월이 더 지났습니다. 나는 예전보다 우는 시간이 줄었지만 나의 고양이를 떠올릴 때마다 마음은 무언가를 알리려는 듯 번뜩이곤 했습니다. 나는 아직도 내가 현실을 인정하기 싫은 것인지, 혹은 마음이 내 고양이를 떠올릴 때마다 '네 고양이는 이미 죽었어.'라며 알려 주고야 마는 눈치 없는 머리의 말에 반박하고자 존재감을 드러내는 것인지 이유를 고민하곤 했어요.

그럴 때마다 마음은 되려 이성을 잃지 않고 침착하게 나는 내 고양이를 알며, 기억하며, 여전히 중요하다고 반짝거리는 것만 같았습니다.

시간이 꽤 지난 어느 날, 문득 마음이 오랜 시간 나에게 전하려던 말을 이해하게 되었습니다. 그것은 소중한 존재를 보낸 이들이 수없이 전하는 바람에 진부하게 다뤄지곤 했던 말. 그럼에도 심장의 주변에 일렁이며 차오르는 무언가를 일컬어 '그는 여전히 내 마음에 살고 있습니다.'라고 말하던 것과 닮아 있었습니다.

잃은 것의 총량

-

 누군가 네 삶이 무엇이냐 물으면 나는 내가 가진 것들을 이야기하려 들 거야. 그렇게 많지도 않은 것들을 긁어모아 나를 증명하려 허둥거리겠지. 내 옆의 사람들, 내가 이룬 것들, 내가 가지고 있는 것들을.
 그렇기에 무언가를 잃을 때마다, 더는 무언가를 얻을만한 처지가 못 된다고 여겨지는 순간마다 그렇게 무너지고야 말았던 거야.

 그러나 오사다 히로시는 말했지.

얻은 것이 아니라

잃은 것의 총량이

사람의 인생이라 불리는 것의

아마도 전부가 아닐까

「세상은 아름답다고」 오사다 히로시

잃을 수 있는 건 한때 나를 구성했던 일부들이야. 혹은 이미 나의 일부처럼 간절히 원하였거나. 그러니 잃은 것들을 떠올리며 영영 주저앉지 않아도 될지 몰라. 상실로 인한 통증이 강렬할수록 그 순간을 간절히 살았다는 증거이기도 하니까.

사랑을 택하는 것은 동시에 이별의 가능성을 택하는 거라고 해. 알고 보니 세상에서 무언가를 얻는 것은 언제고 그것을 잃을 수 있다는 것과 같았어. 우리가 원하는 것을 얻는 순간조차, 소망하던 이전의 나를 잃고야 마는 것이었단다.

이제 나는 하나의 처음과 끝을 보았으니 예전처럼 내가 얻을 것들로 마냥 들뜨지 않게 되었어.

어느 날 문득 사진첩을 훑어봤어. 나의 드라이브는 친절하게도 4년 전 오늘, 8년 전 오늘의 사진들을 모아 보여 주는 거야. 근 십여 년을 차지하는 사진 대부분은 다시는 볼 수 없는 나의 고양이와 다시는 보지 않기로 한 아이의 사진이었지.

이날 누구와 무엇을 먹고 어떤 농담을 주고받았는지 생생한 날도, 어떻게 버텼는지 모를 치열한 순간들도 재생되더라. 그리고 마음은 애틋하지만 어느새 소원해져 버린 이도, 여전히 서로의 안부를 궁금해하며 나의 일부를 구성하는 얼굴들도 보였지.

이 모든 것들은, 내가 잃은 것들과 앞으로 잃을 것들의 목록들이야.

나는 서로가 없는 시간을 상상할 수도 없던 날이 지나면 결국엔 그럭저럭 살아가게 될 거란 걸 알아 버렸어. 나의 고양이가 떠나고서도, 유난히 그 사실이 나를 오래도록 서글프게 했단다.

때론 우리가 할 수 있는 최선은 시간이 흘러감에 따라 변하고 마는 것을 물끄러미 바라보는 것뿐일지도 몰라. 이따금 추억하며 그땐 그랬는데, 하며 웃고 마는 것.

하나, 위안이 될만한 건 지나간 것이라 하여도 사랑을 주고받던 날의 온기는 나의 어딘가에 머무른다는 거였어.

그런 생각들을 하며 지는 순간까지도 하늘을 붉게 물들이고 마는, 오늘의 해의 소멸을 바라보며 기도하는 거야.

신이여, 제게
바꿀 수 없는 것을 받아들이는 평온함과
바꿀 수 있는 것을 바꾸는 용기를,
그리고 이 둘을 분별하는 지혜를 허락해 주세요.

「평온을 비는 기도」 라인 홀트 니버

밤이면 들려오는 소리에

-

  어느새 밤이 깊어졌네요. 이불 속으로 몸을 말아 넣어요. 이대로 잠들긴 아쉬워 불 꺼진 천장을 노려보며 눈꺼풀에 힘을 싣다 금방 포기한 채로 눈을 감습니다. 조그맣게 열린 창문 틈 사이로 쏴-아아아, 쏴-아아 하는 소리가 들어와요. 어둠을 구르는 차바퀴 소리이지만 모두가 잠든 시간에는 꼭 바다의 그것 같아 더는 소음이 아니었어요.

  이토록 귀만 열은 채 이불을 목 끝까지 끌어 어둠에 묻힐 때면, 내 몸이 파도에 쓸려온 봉긋한 모래더미가 된 것만 같았습니다. 햇빛 아래 반짝이던 낮이 아득하도록 밤의 해변가에 엎어져 누워버린 모래의 무덤 같이요.

    그것이 나를 무력하게 하더라도 모래 한 줌이 밀려오는 파도를, 기울어가는 해를 막을 방법은 없었습니다. 이쯤에서 눈을 감지 않으면 내일 나의 눈꺼풀이 온종일 무거우리란 것도요.

    얼마 전부터 간간이 귀-뚜루루루 귀-뚜루루하는 소리가 들려옵니다. 어느새 매미의 계절이 지나가나 봐요. 해를 보지 못하고 산 긴 시간을 보상받기라도 하듯, 떼 지은 합창으로 존재를 뽐내던 매미들은 모두 어디로 사라졌을까요? 그들의 짧은 생처럼 나의 의문과 애도는 실시 잃있습니다.

    사실 금방이라도 바스러질 법한 그들의 외형은 나에게 공포를 주었지만 먼 곳에서 꽁으로 소리를 훔쳐 듣는 것은 꽤 낭만적인 일입니다. 어서 잠들어야 하는데, 이쯤에서 또 의문이 듭니다. 귀뚜라미 소리는 낮에는 들리지 않던데. 그네들이 유독 밤에만 우는 취향인 건지, 잠들기 직전에만 나의 귀가 열리기 때문인지 모르겠지만 귀뚜라미처럼 나도 밤이면 울고 싶어져요.

  돌아보니 나는 잃어가고 사라지기 위해 매일을 사랑한 것이었습니다. 나는 이제 무얼 사랑하고 꿈꾸어야 하나요. 그렇게 밤하늘에 하나둘 질문을 쏘아 올리면 닿지도 못한 그것들은 툭- 하고 떨어져 온종일 일렁이더니, 보이지 않는 곳으로 가라앉아 버리고 말아요.

  모두가 잠든 밤, 이제는 소리 내어 발음할 일이 없는 그리운 이름들을 불러 봅니다. 행여나 누가 들을까 낮에는 꼭 닫아온 입 모양들을요. 괜히 민망해져 나의 코앞에 엉덩이를 들이민 노란 고양이에게 굿 나잇 인사를 건네었어요. 나의 손끝에 닿는 보드라운 온기가 없었더라면 나의 밤이 얼마나 산산이 부서졌을지 상상하기 어렵습니다.

  별다른 대답 없이 오늘 밤도 내일 밤도 반복되리란 건 그리 기쁜 소식은 아니었지만, 오늘 밤도 내일 밤도 네가 내 옆에서 잠들 거란 사실은 아주 기뻤어요.

다시 봄이 오면은

-

 봄을 맞이하는 내 마음은 단단히 팔짱을 끼고 입술을 비스듬히 비튼 채로 입니다. 돌아오는 봄은 나의 늙은 고양이가 무지개다리를 건넌 지 일여 년이 되기에, 나는 그리운 얼굴을 떠올리며 자주 시무룩해질지도 모르겠습니다. 그리곤 환절기마다 찾아오는 알레르기 비염으로 코를 훌쩍이며 호랑나비도 도망갈만한 재채기를 해 댈 것입니다.
 코로나를 뚫고 벚꽃을 보러 갈 연인이 없기에 '흩날리는 벚꽃잎이 울려 퍼질 거리를 둘이서 걸어요.'라는 노랫말이 거리마다 들려올 때면, 두근거리기보단 벚꽃 연금으로 불리는 그의 저작권료를 생각하며 잠시 배가 아플 것도 같습니다.

요즘의 나는 곱게 물들어도 곧 사라지고 말 것들에 주목하였습니다. 좀 더 세밀히 말하자면 '사라질 것'들을 주로 바라보았지요. 그러기에 봄을 맞이하는 나의 태도는 미지근하기 짝이 없던 거였습니다.

네가 아무리 아름다워도 내가 마음을 뺏기고 말면 이내 사라질 거잖니. 결국 져버리고 말 거잖니. 나와 같이 돌아오는 겨울을 맞을 수 없을 거잖니.
나는 한껏 기대하고 마음을 주었다가 다시 속상해질 일을 만들고 싶지 않아서, 결코 넌 나의 팔짱을 쉽게 풀 수는 없을 거라고 미리 으름장을 늘어놓았는지도 모릅니다.

떠나기 전, 나의 늙은 고양이는 내게 계절을 세는 법을 알려주었습니다. 아무리 무한히 반복되어 보이는 것들도 계절로 세기 시작하면 유한해 보이기 시작했어요. 앞으로 함께할지도 모를 겨울을 손가락 굽혀 세다 보면, 추위가 무서워 미워하던 겨울조차 귀한 손님처럼 여겨졌습니다.

나의 고양이가 알려 준 대로 다시 벚꽃이 흩날리는 거리를 걸을 날이 오면
나는 떨어지는 꽃잎보다는 그의 고운 분홍을, 지나간 계절보다는 같은 계절을 통과하는 이들의 말간 눈과, 늘어가는 주름을 들여다보아야 하겠습니다.

8장

세 번의
벚꽃이
피고 진
어느 봄날에

잊는 기분

-

 어릴 적부터 나는 깨소금 사이로 볶여진 멸치들의 수많은 눈들과 마주치는 것이 꺼림칙했다. 그래서인지 엄마의 반찬 중 멸치볶음은 영 손이 가지 않는 메뉴였다. 그렇지만 앵오는 바다도 한번 보지 못했으면서 멸치를 좋아했다.
 멸치볶음이 반찬으로 나올 때마다 귀신같이 눈치를 채고 아우성을 치는 바람에 우리 가족은 작은 고양이의 눈칫밥을 보며 급히 식사를 마쳤다. 반찬이 냉장고 안으로 사라지고 나서도, 지치지 않고 고집을 부리는 게 안쓰러워 말린 멸치를 몇 개를 꺼내 줄 때면, 기뻐하며 허겁지겁 먹어치우는 모습이 기특하고 귀여웠다. 그 모습을 지켜보던 나는 '멸치가 그렇게나 맛있나?' 하며 앵오를 따라 삐죽한 멸치 한 마리를 통째로 입에 넣어 우물우물 씹어보았다.

앵오가 무지개다리를 건너고서도, 엄마와 나는 멸치볶음이 나온 날, 조용해진 밥상을 어색해했다. 한 동안 멸치볶음은 우리에게 빈자리의 상징과도 같은 반찬이었다. 그런데 오늘, 식사를 마치고 방안에 들어와 할 일을 하다 깜짝 놀라고 말았다.
나는 푸짐한 쌀밥 한 공기가 입속으로 사라질 동안 앵오를 한 번도 떠올리지 않은 것이었다. 엄마가 새로 요리한 멸치볶음이 떡하니 밥상 위에 올라져 있었음에도.

아마, 이번이 처음은 아니었을 거라는 생각이 들었다. 나는 밀려드는 공허함을 참지 못하고 네가 자주 앉아 늘 따뜻했던 자리를 쓰다듬었다.

돌아올 곳이 있는 여행

-

우리는 그렇지 않아도 조만간 놀러 갈 계획이었지만 까망언니의 제안은 갑작스러웠다.

"오늘 당장 출발하자. 지금 바토!"

마음의 준비 없는 즉흥적인 결정을 유독 힘들어하는 나이지만, 집순이는 고민 끝에 배낭을 꺼내 급하게 짐을 쌌다. 그녀가 나를 이끈 곳은 조용한 바닷가 마을이었다.

산책로의 초입, 가게 앞에 놓인 종이 상자 위로 뽀송뽀송한 고양이 가족 다섯 마리가 햇빛을 받으며 쉬고 있었다. 나는 게걸음으로 한 발자국 씩 은근슬쩍 다가가 그들과 함께 사진을 찍는 데 성공했다. 고양이 가족을 지나쳐 쭉 뻗은 길을 걸으니 넓은 바다가 펼쳐졌다. 관광객이 드문 곳이었기에 온전히 풍경에만 집중하며 걸을 수 있어 좋았다.

잔잔한 수면 위로 검은 새 한 마리가 물 위를 동동 떠다녔다. 그러다 물고기를 발견했는지 바닷속으로 거침없이 입수했다. 나는 저 오리가 언제 까지 숨을 참고 잠수를 하나 궁금해져 눈을 깜빡이지 않으려 애쓰며 지켜보았다. 그런데 갑자기 물새는 생뚱맞게 저쪽 바다 끝에서 등장했다.

"언니, 쟤는 도대체 뭘까?" "저건 물닭이야."

까망언니는 내가 모르는 나무와 동물의 이름들 잘 알고 있었다.

그리고 아직은 쌀랑한 아침, 유모차를 한 손으로 밀며 러닝을 하는 씩씩한 아기엄마도 보았다. 아기는 바람을 가르는 속도감이 익숙한 모양이었다. 멋진 바닷가 마을이라 생각하며, 들뜬 발걸음을 돌렸다. 우리도 모르게 입술엥서 노랫말이 흥얼흥얼 흘러나왔다.

그러다 문득 까망언니가 동요를 부르기 시작했다.

"동그란 눈에 까만 작은 코. 까만 털옷을 입은 예쁜 아기곰. 언제나 너를 바라보면서 작은 소망 얘기하지. 너에 곁에 있으면 나는 행복해. 어떤 비밀이라도 말할 수 있어. 까만 작은 코에 입을 맞추면~"

아뿔싸. 그 노래는 내가 상당히 좋아하는 동요였지만, 눈물 버튼과 같은 곡이기에 위험한 선곡이었다. 노랫말과 가사를 떠올릴때 마다, 얼굴을 마주 보며 누운 앵오의 코에 뽀뽀를 하던 우리가 자꾸 떠올랐기 때문이다.

잘 걷던 나는 갑자기 눈물 콧물이 치오르기 시작했다. 삼켜보려고 나름 노력했지만 이미 눈물버튼은 눌러지고 말았다. "언니, 그 노래는 안돼.. 엉엉"

조금 전까지만 해도 여행 사진을 잘 남겨보려 카메라 앞에서 연신 브이를 해대던 나였기에, 당황한 까망언니는 눈이 동그라졌다.

"너 울어?"

"그 노래만 들으면 앵오가 생각나. 엉엉"

"미안. 정말 미안해. 진이가 (조카) 요새 어린이집에서 이 노래를 배워와서, 나도 모르게 입에 붙어버렸어"

"아이다. 언니가 뭐가 미안하노..흑..흑..헝."

콧물을 두 세번이나 킁킁 풀고 나서야 갑작스러운 눈물바람이 진정이 되었고, 우리의 여행은 계속되었다. 꿀빵을 사려 긴 줄을 서다 눈치도 없이 툴툴거려서 언니를 서운하게도 만들었고, 흰 고양이가 마당에 있는 독립서점에서 책도 한 권씩 구입했다. 연인과 오면 딱 일것만 같은 어느 바닷가를 여자 둘이서 걸으며 선글라스를 꼈다 내렸다 하며 사진도 찍었다.

부산으로 돌아오는 고속도로, "잠 오면 좀 자도 돼." 하며 운전대를 잡은 까망언니의 말에 "아니야. 잠 안 온다니까." 했던 말이 무색하도록 나는 머리를 사방으로 돌리며 곯아떨어지고 말았다.

집으로 돌아온 저녁, 엄마가 꿀빵을 맛보더니 참 달다고 했다. "아옹!아옹 애옹!" 아깽이가 격하게 반가워하며 내 몸에 정수리 박치기를 해왔다.

아마 앵오가 있었더라면, 나는 꽤 오래도록 잔소리를 들어야 했을 것이다. 내가 없을 동안 '집사는 도대체 언제 오는 거냐옹' 하고 냥냥 거리며 엄마에게 빗발치는 항의를 했겠지.

돌아올 곳이 있어 여행은 더욱 값지다. 반겨줄 이들이 있다면 더. 그것이 늦은 귀가에 우는 것만이 불만을 표현할 유일한 수단인 털과 꼬리를 가진 존재들이라면 더욱.

어린왕자야, 반가워

-

내가 어린왕자를 처음 만난 건 초등학교에 다닐 적이었어요. 지금도 기억 나는 건 어린왕자는 우리 집 책장을 알록달록하게 채운 세계 명작 시리즈 중 연두색 표지로 된 첫 번째 책이었다는 거예요. 나는 책 읽기를 좋아하는 아이였지만 이 책만큼은 도저히 이해할 수 없었어요.

어린왕자가 행성을 찾아가 만난 이상한 어른들, 그리고 여우와 조종사 아저씨. 이들이 나누는 알쏭달쏭한 대화를 보면 마치 스무 고개라도 하는 기분이 들었거든요. 그간 내가 읽던 책들은 보통 주인공을 괴롭히는 악당은 벌을 받고 착한 주인공은 끝내 행복해진다는 이야기들이었으니까요.

어린왕자를 다시 만난 건 나의 늙은 고양이가 16살쯤이 되던 해였어요. 건강했던 앵오가 약해질수록 나의 마음은 요동치기 시작했어요. 그러던 어느 날 어린왕자가 떠오른 거예요. 서른이 되어 가도록 잊고 살았던 이야기가, 왜 그날따라 생각이 났을까요?

그러나 다 커 버린 두 딸만이 있는 우리 집에서는 더 이상 세계명작 전집을 볼 수 없었지요. 그래서 가까운 서점으로 가서 어린왕자를 펼쳐보았어요. 아, 나는 눈물이 날 것 같았어요. 생텍쥐페리는 글을 쓰고 80년 지난 어느 밤, 한 노묘의 집사가 이 책을 펼쳐보리란 걸 알고 있었을까요?

5억 개가 넘는 별을 발견하고 소유하는 중대한 일로 바쁜 행성의 아저씨에게, 어린왕자는 자신의 장미를 이야기 했어요. 그에게는 매일 자신의 한 송이 꽃에 물을 주고, 이따금 화산을 청소해 주는 일이 더욱 가치 있는 일이라고 여겨졌으니까요.

조종사 아저씨와 고립된 어느 사막에서, 나는 어린왕자가 왜 그토록 화를 냈는지 알 것만 같았어요. 이 세상의 오직 나의 별에만 사는 '하나뿐인 장미'를 어느 날 한 마리의 양이 삼켜버릴지도 모른다는 일이, 누군가에게는 우주의 모든 별이 어두워진 것만 같을 그 일이 어떻게 중요하지 않을 수 있냐고 소리치던 어린왕자의 얼굴이 떠올랐어요. 나라면 어린왕자를 잠시라도 안아 주었을 텐데요.

나는 한동안 바람을 막아주며 장미를 돌보던 어린왕자의 마음으로 살았어요. 나의 노묘는 조금씩 야위어 갔고 식사와 음수량을 채우고 약을 먹이려면 나의 도움이 필요했어요. 그렇지만 서로에게 애틋해지는 시간이었어요. 외출이 길어질 때면 나는 자주 방 안에서 둥그런 눈으로 나를 기다리고 있을 고양이에게로 달려가고 싶어졌어요. 앵오는 그런 나와 눈을 마주칠 마다, 떨리는 목소리로 나를 부르며 뛰어와 분홍색 코를 내밀었고요.

이런 나를 두고 언니가 농담을 했어요. 티브이

광고에 나오는 원빈의 완벽한 이목구비를 보며 감탄을 금치 못하는 나에게

"원빈이 너보고 같이 살자면 어쩔 거야?"

하고 물어왔어요. 나도 모르게 입꼬리가 씰룩거려왔지만 언니는 금세 조건을 덧붙였어요.

"대신 앵오는 못 키우겠다고 하면?"

원빈이라면 부족한 요리 솜씨도 정성 들여 가꾸어 볼 용의가 있었지만 나는 1초의 망설임도 없이 대답했어요.

"그러면 같이 못 살지!" "오~왜?"

"원빈은 나 없이도 잘 살 테지만, 앵오는 나 없이 못 살잖아!"

*

법륜스님은 어린왕자를 좋아하는 사람들과 친구가 되고 싶다고 했어요. 나도 그래요.

수많은 꽃들 중에서 자신만의 장미를 떠올리는 사람. 작은 꽃 한 송이를 지키고 돌보는 일을 소중히 여기는 사람.

가끔은 생각해요. 복잡한 고민들로 머리가 무거워 지는 날에는 어린왕자를 이해하지 못하던 시절이 마냥 좋을 때였다고요. 그때는 몇백 원짜리 떡볶이 한 입에도 하루가 완벽해졌고, 내가 하는 고민은 '이 많은 여름방학 숙제는 언제 다 하지?'와 같은 것들이었으니까요.

서른 쯤의 나는 잘 지내냐는 물음에 머뭇거리는 사람이 되었지만, 어린왕자를 모르던 시절로 돌아가고 싶지는 않아요. 나의 고양이가 그리운 이유는 우리의 작은 행성에서 매일 함께 잠들고 웃던 소소한 하루들이 모여서였다는 걸 잊고 싶지 않아요.

계절의 사이에는

–

 친구와 공원을 걷기로 한 날, 선크림을 듬뿍 바르고 양산을 챙겨나왔다. 걷다보니 햇빛은 아직 따가웠지만, 바람은 전보다 서늘해진 편이었디. 얼마 전이 처서였던 것이 소문이 났는지 잠자리 몇 마리가 꼬리를 물고 날아다녔다. 그렇지만 아직 나무들 사이로 매미의 울음도 들려왔다. 각자의 계절을 상징하는 날갯짓들이 하나의 장면을 만드는, 지금은 계절의 사이였다.

 한 해가 반을 훌쩍 넘어가면서 뜨겁던 해가 저물

때쯤이면 가슴이 답답해지는 증상이 나타났다. 시간이 바쁘게 흐르는 게, 어느새 한 계절이 저물어 간다는 것이 영 마음에 들지 않았기 때문이다. 그렇지만 한껏 열기가 오른 아스팔트 위를 걷다 보면 나도 모르게 시원한 가을바람을 떠올렸고, 아직 짧은 소매의 옷을 입으면서도 신상으로 나온 니트의 포근함에 눈길이 갔다. 이제 곧 작은 굽이를 돌면 새로운 계절을 앞둔 채, 내 마음도 갈팡질팡이었다.

걸음을 옮기다 보니 주변은 온통 초록빛이었다. 마스크마저 뚫고 오는 푸른빛이 주는 안정감을 눈에 가득 담았다. 그러다 고개를 돌리니 몸집이 작은 나무 한 그루가 눈에 띄었다. 유독 그의 잎만 붉게 물들어 있었기 때문이다. 나는 친구의 어깨를 툭 치며 말했다. "쟤 좀 봐. 혼자서만 추위를 많이 타나 봐. 아직 온통 초록인데 벌써 빨개졌다?" 친구는 나무를 보더니 "정말 그러네? 너처럼." 하고 맞장구를 쳐주었다.

친구와 이야기를 나누며 걸어가다가 갑자기 발치에 검은 것이 놓여 있어 눈길을 주었다. 가까이서 보니 배를 뒤집은 채 누운 매미였다.

"으아악! 이거 매, 매미야!"

곤충을 무서워하는 우리는 검은 것의 정체를 알자마자 소리를 지르며 빠른 걸음으로 달아났다. 정신을 차려보니 이미 매미는 저 멀리 검은 점이 되어 있었다. 밟지 않았다는 안도감과 함께 길을 나서려니, 바둥거리던 가느다란 다리가 자꾸만 눈에 밟혔다.

그는 아직 살아 있었다. 나는 결국 길을 돌아가 떨어진 나뭇가지를 찾아 실눈을 뜬 채 허우적거리는 다리 사이로 내밀었다. 매미는 그것을 놓치지 않고 몸을 일으켜 날개를 보여주었다. 그대로 길가에서 조금 떨어진 바위 위에 올려두었다. 이미 날지도 못하는 매미는 어차피 하루를 넘기기 어려울 것이었다.

그러나 무력한 발길질 너머의 거꾸로 된 하늘이 그가 볼 마지막 세상이 될지도 모른다는 건, 조금 속상한 일이었다. 집에 오니 엄마는 길가에 떨어져 죽은 매미들이 밟힐까 봐 한곳으로 옮겨두고 왔다고 했다.

밤이 깊어 어둠 속에 몸을 누이니 잔잔한 소리가 바람을 타고 들어왔다. "뚜루루루루루- 찌르르르르" 나는 그 소리를 들으며 잠이 들었다. 이제 나를 두고 많은 것이 바뀌는구나. 아니 나 역시 바뀌어 가겠구나. 생각하면서. 그러다 한낮의 열기 사이로 아직도 매미들의 가느다란 합창 소리가 이어지던 것을 떠올렸다.

이제 곧 모든 것이 붉게 물들면 나는 그의 아름다움에 넋을 잃고 말겠지만, 시절의 사이에는 사라지는 것들과 조금은 이르게 물드는 것들도 있다는 걸, 오늘 밤의 나는 기억해야지.

너에게
보내는
편지

 사람들은 종종 물었지. 왜 하필 너네 집 고양이 이름은 앵오냐고. 그러면 나는 또 별것 아닌 이유를 설명하고, 묻지도 않은 네 사진을 꺼내 보이며 귀엽지 않냐며 팔불출 집사 티를 냈지. 그치만 앞으로는 이런 일들이 뜸해질 것 같아. 이미 무지개다리를 건넌 고양이를 두고는 이런 질문을 할 사람이 없을지도 모르니까. 너는 우주의 어디 쯤을 지나고 있을까?

 너도 알고 있지? 나는 이제 너에게 주었던 애정

과 입맞춤을 아깽이에게 몰아주고, 너 없는 방에 불을 끄고 깜깜한 어둠 속에서 눈을 감아도 무섭지가 않아. 심지어 멸치볶음을 보고 너를 떠올리지 않고 식사를 마친 날도 있었단다.

그치만 아직까지 너의 사진을 볼때면 나도 모르게 깊은 숨을 크게 들여마셔. 나의 SNS 계정은 너의 마지막 소식으로 멈춰 있고, 잊을만하면 너를 잃어버릴까봐 발을 동동굴리는 꿈을 꾸다 잠을 깨기도 한단다.

나의 첫 내리사랑. 너로 인해 잃기 위해 사랑해야한다는 걸 알게되었을 때, 세상은 온통 사라질 것들 투성이라는 걸 알게되었을 때. 무지개다리로 아끼는 존재를 떠나보낸 뒤 다시는 반려동물을 키우지 않겠다고 단단히 다짐하는 사람들의 마음이 무엇인 줄 알 것만 같았어.

많이 사랑한 만큼 많이 울어야 한다는 걸 진작에 알았더라면 마음을 조금씩 꺼내 보일 수 있었을까? 너의 사랑스러움을 떠올린다면 아마도 그건 불가능한 일일 거야.

그치만 우리가 처음만날 날로 돌아간다면 말이야, 나는 끝을 알게 되었더라도 아무 고민 없이 너를 내 품에 꼭 안을 거야. 그 조그맣고 꼬질꼬질했던 아기 고양이를 어떻게 다시 사랑하지 않을 수 있겠어?

사실 너의 모든 순간을 사랑해. 장난기가 심해 온통 내 손을 상처투성이로 만들었던 아기 고양이를, 살쾡이처럼 보일만큼 듬직하고 고집스러웠지만 사실 누구보다 겁쟁이었던 너를, 귓가에 흰 털이 총총나고 눈꺼풀이 늘어져도 나를 바라보던 초록한 눈을.

어느순간 입맛이 까다로워지고, 몸이 좋지 않아 투정을 부리느라 잠순이 집사의 밤잠을 줄이던 순간의 너마저도, 언제나 한번 더 너의 분홍코에 입을 맞추고 싶은 걸 참아야만 했단다.

나의 노묘이자 영원한 아기고양아, 네가 피어나고 져물어가던 모든 순간이 슬프지만 아름다웠어. 그렇게 나도 나를 아껴야 할텐데 말이야. 늘 좋아하던 캣타워의 꼭대기에 더 이상 올라가지 못하게 되었을 때에도, 너는 한 동안 물끄러미 그곳을 바라보았지만 곧잘 받아들이고 씩씩하게 굴었지. 그런데 나는 왜 나이가 먹을수록 겁이 더 많아지는 걸까. 당연한 것들을 받아들이는 게 어려운 날이 많아져.

그치만 네가 둥그런 눈으로 나를 신뢰해주었던 것 만큼 나도 나를 더 믿어볼게. 지구별 여행이 버거워지는 날에는 너와 얼굴을 맞대고 방안에 뒹굴던 시간들을 떠올릴게. 그러면 지구별이 아주 팍팍하게만 느껴지진 않을 것 같아.

나는 이제 너의 소식 이후로 멈춰진 공간에 다른 사진들을 채워갈거야. 고운 원피스를 입고 꽃구경을 가서, 하하호호 웃는 그런 사진들 있잖아. 그런 사진들이 차곡차곡 쌓여가면 내가 미래에 만날 사람들은 너를 머나먼 과거의 고양이로 기억할 거야. 그럴때면 잊지않고, 내 옆에 있었던 사랑스러운 고양이를 자랑할게.

그렇게 나도 너를 닮아 눈꺼풀이 늘어지고 흰 머

리가 빼곡히 올라올 때면, 그땐 내가 너를 지금보다 더욱 가끔씩 떠올리지 않을까 하는 생각도 해봐. 그러다 너를 기억하던 내가 지구별 여행을 마치고, 나를 알던 사람들마저 모두 다 벚꽃처럼 흩어진 어느날,

    우리 그때 다시 만나.

세 번의 벚꽃이 피고 진

어느 봄날에

사라질 것들을
사랑하는 일

초판 발행일 2022 년 4 월 30 일
개정판 발행일 2023 년 6 월 10 일
지은이 김양희
일러스트 · 편집디자인 김양희
펴낸곳 만날 만날만날 만나고 싶은
이메일 mannal@nate.com
SNS @ssong2_story @mannaltoon
ISBN 979-11-978162-1-5

이 책의 판권은 지은이에게 있습니다.
이 책의 내용의 일부 또는 그림을 재사용하려면
반드시 작가에게 동의를 받아야 합니다.